言ってませんか こんなこと
やってませんか あんなこと

介護場面の
言葉とマナー

藤澤雅子
杉山京子・著

シーエムシー出版

はじめに

ヘルパーのみなさん、こんにちわ！介護保険制度の導入によってみなさんの活躍の場が広がり、（その）活躍ぶりが社会から大きく注目されるようになりました。そしてヘルパーさんの多くが利用者さんの信頼を受け、介護のプロとして自信と誇りを持って仕事に当たっていることと思います。

しかし、最近どうも利用者さんとしっくりいかないと感じたり、これでいいのかしら…と疑問を抱いている方もいらっしゃるのではないでしょうか。利用者さんと信頼関係が成り立っていたとしても、ヘルパーさんのちょっとした言葉や、行動がきっかけで利用者さんと歯車がずれてしまうことが時にはあります。

本書は、ヘルパーさんに対する利用者さんのちょっとした不満、言いたくてもなかなか言えないひとこと、そして、ヘルパーさんの悩み…等、介護の場面における利用者さんとヘルパーさんの不満や悩みを集め、その内容を検討してみたものです。みなさんのなかには、「エッ！まさかこんなことが？」と思われる内容もあるかと思いますが、すべて実際にあったことばかりです。もちろん、利用者さんの性格や状況により、その受け止め方はさまざまですので、すべての利用者さんが本書にあるように思っているとは限りません。

介護に専門的知識や技術は必要ですが、利用者さんとの信頼関係があってこそ、その力が十分発揮できるものです。そのためにも、もう一度自分を振り返り、介護をみつめ直してみることも大切だと思います。本書がその一つのきっかけとなれば幸いです。

藤澤雅子／杉山京子

二〇〇三年三月

言ってませんか こんなこと やってませんか あんなこと 目次

第1編 生活編

【生活介助】

第2編　家事編

第3編　身体編

【清潔の介助】

【移動・外出の介助】

ヘルパーさんの悩み編

●●コラム●●

【生活編】

第1編　生活編

生活介助

いま忙しいのよね!

「そんなことぐらいでいちいち呼ばないでよ、いま忙しくて手が離せないんだから!」

テレビのリモコンをベッドの下に落としてしまったので、拾ってもらおうとヘルパーさんを呼んだ時のことです。台所で食事の支度をしていたヘルパーさんに、このように言われ嫌な顔をされてしまったそうです。

確かに限られた時間の中で様々な仕事を行わなければならないヘルパーさんの忙しさはわかりますし、火を使っている時など手が離せないこともあると思います。しかし、一つのことに集中してしまい、利用者さんに目が向けられなくなってしまっては困ります。調理中のヘルパーさんにとっては、テレビのリモコンは重要なものではありませんが、食事ができるまでテレビを見て待っていようとする利用者さんには、今すぐ必要なものなのです。

コラム

あなたのその一言がうれしいわ

「今日はお天気が良く外は気持ち良いから一緒にお散歩に行ってみませんか？」とか「体調が悪くなかったらお風呂に入ってさっぱりしましょうか？」などと、その日の天気や体調に合わせて色々と声をかけてくれるそうです。自分からはなかなか遠慮して言い出せないことも、ヘルパーさんが上手に察知して誘ってくれるので、本当に有難いと言っています。相手の状況に合わせて声掛けや行動のできるヘルパーさんは、さすがプロですね。

たとえ、ほかの仕事をしている最中であっても、利用者さんのニーズを常に考え優先順位を決めて援助にあたることが大切です。決して「いま忙しいから」の一言で片付けてしまわないように気をつけて下さい。台所で仕事をしている時でも「大丈夫ですか?　もうすぐお食事ができますよ」などと利用者さんのことを気遣い声をかけたり、時々様子を見に行くなどの配慮も必要です。忙しい時でも忙しさに惑わされず、心に余裕を持って利用者さんに接していきましょう。

ちゃんと寝てるんだから大丈夫よ〜

「眠れない、眠れないって言う人に限って、昼間寝たりしているのよ。大丈夫ちゃんと寝てるんだから…」

最近よく眠れないので、ヘルパーさんにそのことを話したところ、このような返事をされてしまい、話をしなければよかったと後悔したそうです。利用者さんは、身近なヘルパーさんに眠れない自分の辛さをわかってもらいたくて話をした様子ですが、まるで嘘を言っているようにとられたと、がっかりしていました。

確かに昼間寝てしまうために、夜間眠れない（昼夜逆転）人もいます。しかし、高齢者は一般的に寝つきが悪くなる・睡眠時間が短くなる・断続的で浅い眠りとなる（途中で何回か目覚める）・早朝から目覚める、といった睡眠の特徴があるために、熟睡感が少なく不眠という形で訴えられる人もいます。眠りは個人の生活習慣や環境などによって個人差は大きいものですが、人間にとって睡眠は非常に大切なことです。睡眠が障害されると様々な心理的・身体的変化も現れますし、心身の不調の徴候として不眠が出現している場合もありますので、不眠の訴えを軽く聞き流すことはさけましょう。身体的要因（咳や痰・痛み・頻尿・手足の冷感等）、環境要因（室温・照明・寝具類の不適切・周囲の騒音等）、心理的要因（考え事や心配事等）など、利用者さんの眠れない原因を検討し、介護の手で改善がないような時には医療者に相談して下さい。

ほかの利用者さんと比べないで！

「同じ病気の人の所に行っているけど、その人、もっとひどいのに頑張ってるわよ！」ヘルパーさんはたぶん利用者さんを励ますつもりで言った言葉なのだと思いますが、利用者さんは、ほかの人と比べられたうえに自分の努力を否定されたような気持ちになりひどく傷ついてしまったようです。

確かに病状や障害に悲観的になったり、意欲を失ったりしている利用者さんに対して励ましの言葉は大切です。しかし、言葉かけの際はまず利用者さんの言葉を傾聴し、相手の立場に立った上で、人格を否定してしまうことのないように配慮しなければいけません。同じ病気や障害を抱えながらも一生懸命頑張って生きている人がいる、このようなことは自分も頑張ろうという自信や意欲、そして大きな励ましになることもあります。利用者さ

コラム

雨にも負けず、風にも負けず

雨にも負けず、風にも負けず、東に寝たきりの人がいれば行って清拭やおむつ交換を行い、西に足腰の痛みで家事が困難な人がいれば行って掃除、買い物をする。いつの時も笑顔を絶やさず、何事も手早く行う。「笑顔を見せてくれるだけで元気になれる気がするのよ」と、利用者さんに心待ちにされているそんなヘルパーさん。本当にいつもご苦労様です。

んを少しでも励ましたいと考え、ほかの同じような病気の人の話をする場合や、利用者さんから「こんな病気の人ほかにいるのかしら?」と聞かれた場合には「同じような病気で苦労していらっしゃる方のお宅に伺っています。○○さんよりももう少し症状も悪いようですがこのような工夫をされているようですよ…」「本当に大変ですよね、同じ病気の方を知っているのですがその人も病気に負けないようにってリハビリを頑張っているんですよ…」など、利用者さんの意欲を自然に引き出せるような言葉を選んでみて下さい。

自分で出来るでしょう！

「そのくらい自分でできるでしょう…少しは自分でやる気を起こさなければだめよ…って言って、やってくれないのよね」

と、利用者さんはヘルパーさんの対応に不満そうな表情です。確かにこの利用者さんは依存心が強く、必要以上の介助を要求するため、家族や医療者からもできるだけ残存能力の維持・向上のために自分でできることには手を貸さないように説明されています。本人も厳重注意を受けているのですが、ヘルパーさんに対して甘えがあるのか、自分でできることもヘルパーさんに依頼するためこのような言葉を言われてしまったようです。

このような共通の援助目標にそった対応は大切ですが、利用者さんの心情も考えず「自分でできるでしょう！」「やる気を出さなければ駄目よ！」と頭ごなしに対応してはいけません。ヘルパーさんは利用者さんの大切な理解者として、まず「どうしました？　どこができないのですか？」と利用者さんの話を聞き、そして「ここまではお手伝いしますから、後は大丈夫ですか？」「一緒にやってみましょうね」など、利用者さんの自立を促す言葉かけを工夫してみましょう。そして、「自分でできてよかったですね」「上手にできるようになりましたね」と利用者さんが自分の力でできたことに喜びを感じられる言葉かけも大切です。時に利用者さんは自分に目を向けてもらいたいために、自分でできることも甘えてしまうこともあります。そのような時にはよく見極め利用者さんのそばで見守ることも大切でしょう。

家族の悪口を一緒になって言わないで！

「うちの娘はだらしがないから部屋中埃だらけでしょう…」

「うちの嫁はひどいのよ、私のことを邪魔者扱いするし、出歩いてばかりなんだから」

こんな利用者さんの愚痴に対して、「本当に困った娘さんね」「本当にひどいお嫁さんね～」などと一緒になって言ってしまったことはありませんか。

世代による価値観の違いや介護疲れなどから、家庭内での人間関係がうまくいかない場合もあります。そして利用者さんがヘルパーさんに愚痴を言うことでストレスを発散していることもありますが、そんな時一緒になって悪口を言ってしまうと大変です。利用者さんに対して受容と共感の態度で接することは確かに大切なことですが、共感というのは一緒になって悪口を言うことではありません。「そうですか、娘さんもお仕事で大変なのかしらね…」「色々とお嫁さんもお付き合いがあるのかもしれませんね…」と、利用者さんの気持ちを受け止めながらも、家族への不満を少しでも軽くできるような会話をおすすめします。利用者さんも自分から家族の愚痴を言い出したものの、他人であるヘルパーさんに言われるのは気分も良くないでしょうし、家族に対する不満を増大させる可能性もあります。そして、運悪く悪口の当事者に聞かれたりした場合には大変です。悪口は決して物事を良い方向に運ばないものです。ただし、利用者さんに家族からの虐待に当たるような相談を受けた場合（被害妄想等により事実と反することもあります）には担当のケアマネジャーに報告をお願いします。

だから違うって言ったじゃない！

エレベーターの▲▼マークのどちらを押せばよいのかを巡って、利用者さんとエレベーターの前で口論になってしまったそうです。利用者さんは「自分は上の階にいるのだから▲を押してエレベーターを呼ぶのだ！」と言い張り、ヘルパーさんは「これから下に降りるのだから▼を押したほうがいいのよ！」と言ったのですが利用者さんに聞き入れてもらえず、結局利用者さんの間違った思い込みのため時間がかかってしまいました。そして、ついヘルパーさんが「だから違うって言ったでしょう！」と言ってしまったところ、利用者さんは「もう外出はしない！」とヘソを曲げてしまいました。

確かに、ヘルパーさんの言うことは正しかったと思いますが、このように利用者さんの判断や理解の誤りを指摘してしまうことは避けなければいけません。加齢による記憶力・

判断力・理解力の低下は、時に家族や周囲の混乱を招くことがあります。そして、何より本人も混乱し、自尊心が傷ついたり不安を感じたりすることもあります。このような時に、利用者さんを否定したり、誤りを指摘するような言葉は、より一層利用者さんを傷つけることとなりますので注意して下さい。自尊心を傷つけないように常に配慮しながら、利用者さんが納得できるようわかりやすい言葉で話しかけてみましょう。しかし、それでも利用者さんが納得しないような場合は、同じ土俵に立って付き合ってみることも時には必要です。

大変だ！　ヘルパーさんが来なくなる？

「そんなに良くなったら、私来なくてよくなっちゃうかもね」
状態が改善してきた利用者さんに、ヘルパーさんが何気なく言った言葉ですが、ヘルパーさんが来なくなるという、その一言に利用者さんは不安で一杯になってしまったようです。

確かに介護度が軽くなれば、サービスの利用限度額は少なくなりヘルパーさんの利用時間や回数を減らさなければいけなくなったり、自立と判断されれば介護保険は利用できなくなることもあります。しかし、あくまでも利用者さんの日常生活を支えることを考えて介護度は検討されています。利用者さんにとって、ヘルパーさんが来なくなるということは死活問題、これからの生活を考えると不安になるのは当然のことです。介護保険の更新

コラム

性格は直らないけど…

いつも一言多くて口うるさいと、周りの人から敬遠されている利用者さんがいます。何かと対応が大変なのではないかと、ヘルパーさんに声をかけると「大丈夫です。細かいことにもよく気がつくしっかりとした方ですよ」と、明るい返事が返ってきました。ある日この利用者さんが「ヘルパーさんも、いちいちうるさい婆さんだと思っているのだろうけれど、これも性格でね…直らないのよ。でもヘルパーさん嫌な顔しないで対応してくれるのよね」と、しみじみ話してくれました。相手の欠点？　も長所として受け止められるヘルパーさんは、人間的にとてもすばらしいですね。

の際、利用者さんは自分の状態を実際より悪く装ってみたりと、涙ぐましい演技をされる人もいるくらいです。「もう来られなくなってしまうわ…」「そんな介護度じゃ駄目よ」などと、利用者さんの不安をあおるような言葉や、決定された介護度に文句や口出しをするのは慎みましょう。利用者さんの状態が改善してきたら、そのことを素直に喜び、介護度に応じたケアプランに沿って適切な介護を行い利用者さんの生活の向上を図っていきましょう。

頑張ってね！

「頑張ってね…と言われても、どうしたらよいのかわからなくてね…」

病状が悪化した時や家族に不幸があった時などヘルパーさんに「頑張ってね」と声をかけられても何をどう頑張ればよいのかわからなくなり、虚しさや悔しさがこみ上げてくるそうです。ヘルパーさんは利用者さんを元気づけようとして言った言葉ですが、「頑張る」というのは我慢を通す・自分の意地を通すという意味の言葉ですので、使い方を間違えると相手にとって大きな負担になってしまいます。「頑張ってもう少し歩いてみましょうか?」などと利用者さんが努力して可能なことに対しては、励ましの意味として言葉をかけることはあります。しかし、利用者さん自身が努力しても、どうにもならないことに対して使ってしまうと、本人を逆に苦しめることになってしまうので注意が必要です。利用者さんが、辛く苦しい立場にいる時は、まず十分に傾聴し、共感することが重要です。「それは辛いですね…大変でしたね…」などと利用者さんの立場や気持ちを受け止め、共感的理解を示すことが大切です。利用者さんが今、どのような状況にいるのかを考え、常に思いやりのある温かい態度で接することは、信頼関係を深める上で重要なことです。

やってあげるね！　来てあげるね！

「フトンを干してあげるね。お風呂に入れてあげるね。あさってまた来てあげるね…」

仕事もテキパキと行い、よく気がつく優しいヘルパーさんなのですが、何か行う際にいつも「行ってあげる・やってあげる・来てあげる」というように「○○してあげる」という言葉を使うそうです。確かにヘルパーさんに来てもらい、色々と介護をしてもらっていることに違いはありませんが、「やってあげる・来てあげる」などという言葉を言われると、何となく利用者さんは自分が惨めに思えてくるということです。「○○してあげる」という言葉は、上の立場にある人が下の立場の人に向かって言うことであり、ヘルパーさんが利用者さんに対してこのような言葉を使うのは不適切です。介護するにあたって、介護者が上で利用者さんが下という上下関係はありませんので、サービス提供者があたかも優位な立場にいるような言葉使いはしてはいけません。「今日は天気が良いので、フトンを干しましょうか?」「お風呂に入りませんか?」など、利用者さんの自尊心を尊重し、自己決定を促すような言葉かけをすることが大切です。利用者さんが、お世話になっているという感情を持ったり、サービスを受けることに引け目を感じたりしないように対応をしましょう。

これじゃ治らないわよ…

「そんな薬をつけていても治らないわよ。私がよく効く薬を知っているから、つけてあげるね」

褥瘡ができている利用者さんに、医師から処方されている薬では治らないからと、ヘルパーさんが自宅から民間薬（ガマの油）を持ってきて、それをつけてしまうそうです。訪問看護を利用している利用者さんですが、看護師が処置をした後でもそれをやり直してしまうというほどのものすごさ！　家族は「ヘルパーさんは親切でしてくれていることだから、薬をつけ替えるのをやめてほしいと言ったら気分を害してしまい、面倒をみてくれなくなるのでは…」と心配し、ヘルパーさんにも医療者にも言えず悩んでいました。

ヘルパーさんは医療者ではありませんので、与薬や処置などの医療行為は禁止されています。またヘルパーさんの自己判断で、医師から処方されている薬を中止したり変更することは絶対に行ってはいけませんし、そのようなことを利用者さんや家族にすすめてもいけません。たとえ親切心で行ったことであっても、取り返しのつかないことやトラブルになる危険性がありますので注意して下さい。ヘルパーさんは長時間利用者さんと接することが多いため、いち早く利用者さんの異常や変化に気づくことがあります。「いつもと様子が違うな…アレ！　おかしいな?」と感じたり、身体的異常に気づいた時は、遠慮なく医療者に報告して下さい。

幼児扱いしないで！　年寄り扱いしないで！

「ホラホラ…駄目でしょう。もう少しおとなしくしててね」

ヘルパーさんが食事の準備をしている時、一人でベッドから起き上がろうとしたところ、まるで小さな子供に言うような言葉をかけられ、不愉快な気持ちになったということでした。「体が不自由で一人では歩けないけれど、私は赤ん坊とは違うんだ！」と悔しさと怒りを感じたそうです。また、ヘルパーさんが利用者さんのことを呼ぶ時に「おじいちゃん、おばあちゃん」という言葉を使ってしまっていることがあります。ヘルパーさんは利用者さんを身近な存在と受け止め親しみを込めて、そのように呼んでいるのかもしれませんが、利用者さんの中には抵抗を感じる人もいます。ヘルパーさんは利用者さんの身内ではありませんので、おじいちゃん、おばあちゃん、という呼び方は不適切ですし、利用者さんは

コラム

相手によって声のトーンを使い分け

利用者さんが望むヘルパー像を敏感に察知し、相手によって声のトーンや言葉使いを上手に使い分けることができます。やや高飛車にものを言うタイプの利用者さんにも、嫌な顔ひとつしないで「～でよろしいですか？」と穏やかな口調で話し、家族の外出の際にも「行ってらっしゃいませ」と声のトーンを落とし丁寧に対応しています。そして、娘や孫のような存在を求めている利用者さんには「～しましょうか？」と、やや語尾を上げて優しく声をかけています。良い意味で使い分けができ、誰からも受け入れられ愛されている売れっ子ヘルパーさんです。

年寄り扱いされているようで嫌だという人もいます。「○○さん」ときちんと名前で呼ぶことは、その人を個人として尊重することであり対人関係においての基本です。また、幼児言葉や幼児扱いは利用者さんの自尊心を傷つけてしまいますので決して用いてはいけません。痴呆性高齢者の場合など、わかりやすく簡単な言葉を用いないと理解してもらえないこともありますが、常に人生の大先輩であることを忘れずに、一人一人に適した言葉かけをしていきましょう。

今度っていつのこと？

「ちょっと面倒くさそうなことを頼むと、また今度ね…って言って、なかなかやってくれないのよ」

パジャマのボタンが一つ取れていたので、ヘルパーさんにつけてもらおうと思い頼んだのですが「今度着替えた時につけるから…」と、すぐにやってくれなかったそうです。パジャマのボタン一つ取れていても、場所によっては着ている上でそれほど支障はないかもしれません。しかし、そのパジャマを着ている本人にとっては、非常に気になることでしょう。利用者さんは、その時に必要なことや、気になっていることをヘルパーさんに依頼しているのですから、ヘルパーさんの判断や都合で後回しにしたり、「今度」や「次回」などと言って先延ばしにすることはやめましょう。ヘルパーさんは、その間ずっと気にしながら待たなければならない利用者さんの気持ちをよく理解し、対応することが必要です。利用者さんがその日・その時に気になっていることは、すぐに対応するのが基本です。しかし、すぐに対応できないことに関しては「今度」とか「後で」などという、あいまいな言葉を用いて先送りするのではなく、明確に対応可能な日時を伝え、利用者さんに了解を得るようにしましょう。

蛇口を強くしめていかないで！

「ヘルパーさんが蛇口をきつくしめていくから、その後水を使う時大変なのよね」

几帳面なヘルパーさんは、水を使ったあといつも水道の蛇口をきっちりしめる癖があるため、リウマチで手指の関節の変形や痛み・動きの制限等のある利用者さんは、水道を使用する際、蛇口を上手く開けられずとても苦労するそうです。

リウマチの人に限らず様々な病気や障害により、このように蛇口・ビンやペットボトルのふたの開け閉め、缶詰のふたやプルトップを開けることが困難な利用者さんはほかにもいます。例えば、缶詰やペットボトルの飲み物を頼まれ買ってきたとしても、利用者さん自身でそれらを開けて食べたり飲んだりできなければ仕方のないことです。それらを使う利用者さんの立場に立って考え、使いやすい状態にしておくことが大切です。一人でペットボトルやビンのふたを開けられないような場合、利用者さんに確認し、一度開けて軽くしめ直したり、缶詰のふたが開けられない場合にはプルトップにひもなどを通し、引き上げやすいように工夫するのも一つの方法です。利用者さんの障害を知り、その人の生活のどの部分が困難であるかをきちんと見極め、援助を行っていくことが必要です。

まるで家は休憩所！

「仕事中なのにテレビを見たり、携帯電話で長話をしたり…家はまるでヘルパーさんの休憩所みたいよ」

昼の連続ドラマの時間になるとテレビをつけたり、自分の見たい番組にチャンネルを合わせたり、携帯電話がかかってくるとずっと廊下で長話をしているそうです。利用者さんとの付き合いが長くなると、お互いに慣れや甘えが生じてくることもありますが、プロとして仕事のけじめをつけることを忘れてはなりません。利用者さんにとってヘルパーさんの訪問時間は貴重なものですので、ヘルパーさんの私的なことや楽しみで時間を使うことは厳禁です。「一緒にテレビを見てお茶を飲もう…」と誘ってくれる利用者さんも中にはいると思いますが、そのような時でも節度を持って、決して長時間にならないように注意

コラム

果敢にチャレンジ、何事も勉強

医療機器を装着しているため、皆が尻込みをしていた難病の利用者さんの介護依頼に対して「利用者さんのところで勉強させて頂くみたいで申し訳ないけど、何事も経験だから…色々教えて頂いて頑張ってやります」と少し不安そうな面持ちながらも果敢にチャレンジしていくヘルパーさん。病気についての知識や介護の注意点を、医療者や家族に聞き、真剣にメモを取り、一つ一つ確実に介護につなげていってくれます。誰でも最初はわからないことばかりですが、常に学び続けていくヘルパーさんは本当に立派です。

しましょう。また仕事中の電話は、緊急時や業務上の連絡に限り使用し、友人とのおしゃべりに使ってはいけません。電話がかかってきた時は、相手に仕事中であることを伝え、手短に用件だけ聞くようにして下さい。また電話にでる際も利用者さんに「ちょっとすみません…」などと一言断ってからにしましょう。できれば仕事中はマナーモードに切り替えておくなどの配慮が必要です。利用者さんに決して不快な思いをさせないように気をつけましょう。

記録も大切な仕事です

「私、字が下手だし書くの苦手だから…」と訪問時の記録を書かないそうです。この利用者さんは日中独居で、複数のヘルパーさんや訪問看護を利用しており、家族も依頼事項などをノートに記入することで、それぞれ連絡をとりあっています。しかし、一人のヘルパーさんだけがいつも記録を書いていきません。家族がノートを机の上に出しておいてもそれを読むだけで、「書かなくても分かっているから大丈夫だよね」と言うそうです。

字の上手、下手にかかわらず仕事として自分の行った内容や行動を記録に残すということは、仕事の社会的責任を明らかにするために必要であり、義務であるといえます。また他のヘルパーさんや他職種の人と情報を共有化し、一貫したケアを行っていくためにも記録は欠かすことができません。さらに記録を書くことを通して、自分の行ったケアを点検

コラム

いつも気にかけてくれてありがとう

「入院中、ヘルパーさんがちょっと近くに来たからといって病院に顔を見せてくれたのよ…」と、うれしそうに利用者さんが話してくれました。「私ヘルパーさんにまた来てもらえるように早く元気になろう、早く退院しなくちゃ！って思ったのよ…」。ヘルパーさんは利用者さんの負担にならないように気を使い、さりげなく「近所に来たついでだから…」と話したようですが、もちろんついでではなかったことは明白です。家族もあまり面会者も来ないであろう利用者さんを心配しての心遣いに、利用者さんも病気と闘う気力が湧き元気に退院の日を迎えられたのでした。

したり、見つめ直し考えていくことで自分自身の技術の向上にもつながっていきます。最初から上手に書こうと肩肘を張らずに、まずメモ程度でもよいですから事実を書いてみましょう。良い記録を書くためには書き慣れることと他の人が書いた記録をたくさん読むことです。記録は客観的であること・簡潔で分かりやすい文章であること・正確であることなどが求められますので、記録することの習慣化ができたら徐々に良い記録を目指してステップアップしていきましょう。

宗教の加入・署名や選挙の依頼は困ります

「ヘルパーさんに署名頼まれちゃって、たいした内容じゃなかったけれど大丈夫かしら?」

いつも親身になって介護してくれるヘルパーさんからの依頼だけに、利用者さんも悩んでしまったようです。

基本的に宗教の加入や署名の依頼、選挙の依頼、そしてもちろん健康食品など、色々な物を売りつけてはいけません。利用者さんも、いつもお世話になっているヘルパーさんからの依頼は断りにくく、信頼もしているので署名くらいならと思うこともあるでしょう。また、ちょっとした世間話の中で利用者さんから「書いてあげてもいいわよ。買ってあげてもいいわよ」と言われることもあると思います。利用者さんもヘルパーさんのために何

コラム

ヘルパーさん悪徳業者と戦う

「この間はヘルパーさんがいてくれて心強かったわ」

高齢者を狙っての電話による悪徳商法に騙されそうになっていたところを、機転を利かせて対応してくれたというのです。最近は、高齢者を狙ったこのような悪徳業者も多く、判断力・理解力のやや低下したお年寄りを、言葉巧みに騙すという事件が絶えません。悲しい世の中ですが、他人事と思わず親身になって、悪徳業者と果敢に戦ってくれたヘルパーさん。あなたのおかげで事件を未然に防ぐことができました。

か役に立ちたいと思っている人も多いです。しかし、このような利用者さんの気持ちに甘えると、どんどんエスカレートしてしまうこともあり、様々なトラブルに巻き込まれることも考えられます。また、逆にヘルパーさんが利用者さんに署名の依頼や宗教の加入を受けたり、物を売りつけられたりということもあるようです。ヘルパー、利用者さん双方に言えることですが強要され対応が困難であったり、断ると後々気まずくなりそうな場合は事業所やケアマネジャーに相談して下さい。

○○って評判悪いみたいよ…

「○○病院って評判悪いの？　ヘルパーさんがそう言うから、なんだか心配になっちゃって…」

世間話の中で、利用者さんの通院している病院の評判を悪く言ってしまったため、利用者さんが不安になってしまったようです。例えば病院だけでなく利用者さんが関係しているほかの職種や事業所（訪問介護・訪問看護・訪問入浴）などに対しての批判も口にすべきではありません。利用者さんは信頼するヘルパーさんの一言一言に動揺してしまう可能性があります。また、利用者さんから「最近目がかすむのだけれど、いい眼科の先生知らない？」などの相談を受けることもあると思います。このような場合にも、利用者さんの家からのアクセス、病院の規模や診療科目、階段やエレベーターの設置状況により利用者さんが受診可能かどうかなどの客観的な説明を行うことは差し支えありませんが、安易に治療や対応に対する評判を付け加えて話さないようにして下さい。世間の評判は確かに、選択をする際の大切なポイントになりますが、不確実な情報の伝達はすべきではありません。とくに噂話や悪口は相手を不快にするだけでなく、時には真実として利用者さんに受けとめられてしまい、判断ミスを招く危険性もありますので注意しましょう。あくまでも利用者さん自身が選択、決定をするのであり、その判断を惑わすような発言をしないように心がけて下さい。

ヘルパーの悩み

医療行為の依頼はどう対応したらいいの？

「目薬をちょっとさしてくれるくらい、いいじゃない…」

ヘルパーさんに点眼を頼んだところ、目薬をさすことはできませんと断られ、不満をもらす利用者さんです。もちろんヘルパーさんは、点眼ができないのではなく、医療行為として禁止されているためにお断りしたのですが、利用者さんにはそれが理解してもらえなかったようです。医療行為には、点眼・軟膏塗布・湿布薬の交換・爪切りなどのほぼ日常的行為から、浣腸・摘便・褥瘡処置・経管栄養・痰の吸引などの専門的知識と技術を要するものまで幅広く含まれています。

現時点では医療行為を行なえるのは医師法により、医師と看護師に限られており、また一部の行為は患者本人とその家族に限って認められていますが、ヘルパーさんには認められてはいません。しかし、介護の現場には医療行為を経験したことのあるヘルパーさんが多くいるのが実情です。訪問介護サービスを必要としている利用者さんの多くは病気や障害を抱えているため、毎日の生活の中で医療に含まれる行為を必要としている人がほとんどだと思います。そのため、医師や看護師、家族が対応しきれない部分がヘルパーさんに依頼されてしまっているわけですが、医療行為と知りつつも、独自の判断でだまって行うことだけは絶対に避けなければなりません。親切心で行ったことであっても、何か問題が生じた場合、ヘルパーさんが全責任を負わなければならなくなってしまうので注意が必要です。利用者さんから依頼された場合、必ず医療者に報告して、その指示に従って行動しなければなりません。日頃から医師や看護師と連携を図り、何でも気軽に相談できる間柄をつくっておくことが何よりも大切です。

第2編　家事編

料理

掃除・洗濯

買い物

料理の味付けをもう少し考えて！

「少し味付けが濃いのよね、医者から塩分は控えなさいって言われているんだけど…」

高血圧により医師から塩分制限を受けているのですが、調理の味付けがいつもしょっぱいそうです。

利用者さんの中には病気によって食事制限を受けている人も多く、食生活上の注意点に十分配慮して調理にあたることが必要です。また一般に高齢者の場合、味覚の低下により濃い味付けを望みがちですが、食事の及ぼす健康への影響も考慮しなければいけません。

まず利用者さんの嗜好を尊重し、美味しく食べていただくための工夫が必要です。温かいものは温かく、冷たいものは冷たく、新鮮な食材を使い食品の持ち味を活かしたり、季節感を取り入れることなどで食卓を楽しく盛り上げましょう。また高血圧などで塩分を制

コラム

あなたは素敵な料理人

「いつもとっても美味しいのよ。冷蔵庫の中のあり合わせでも色々作ってくれて…」

テーブルに並べてある何種類かの小鉢を前に、うれしそうに箸をすすめる利用者さん。

料理のレパートリーも豊富で、きれいに盛り付けされている食事は、利用者さんの食欲をどんなにそそることでしょう。食べることが唯一の楽しみであったり、また反対に食が細くなっている利用者さんに、毎日の食事を美味しく食べられる工夫を心がけてくれるヘルパーさんを本当に尊敬します。

限している利用者さんの調理の工夫としては、酢や柑橘類などの酸味の利用、香辛料を効果的に使用したり、だしのきいた煮汁を材料にしみ込ませ、塩分は表面にだけ少量まぶすなどの方法がありますので、メニューによって上手に使い分けてみましょう。利用者さんや家族に味付けや好みを聞くことも大切ですが、担当のケアマネジャーや医療者に食生活上の注意の有無を確認し、適切な調理を行ってください。

無頓着な調理方法に食欲も減退

「確かに義歯で硬い物は食べられないけど…トリのエサじゃないんだから…」

味付けは良いけれどサラダや煮物等の野菜がいつも細かく切ってあり、まるで鳥のエサのようで食事という感じがしないそうです。

確かに咀嚼や嚥下・歯牙の欠損などの状況や麻痺や障害などの身体状況を理解し、利用者さんの食べやすい食事形態にすることは大切です。しかし、食べやすい食事形態を重視するあまりに、何もかもトロミをつけたり、キザミにしたりしてしまうと、食事に大切な見た目や食感を度外視してしまうこととなり、食事の楽しみが半減してしまうこともあります。食材に合わせた調理をし、盛り付けも料理のうちであることを忘れずに、食べにくいものは隠し包丁をしてみたり、軟らかく煮るなどの配慮をしてみましょう。またキザミ食にする場合でも、きざむ前に一度でき上がった料理を見てもらったり、利用者さんの目の前でほぐしたり、細かくするのもよいでしょう。食事は健康上欠かすことができないものであり、また人間にとって楽しみの一つです。調理や盛り付けを工夫するとともに、利用者さんの身体状況や体調に合わせた食事作りを目指しましょう。

料理

もったいないから食べちゃった

「美味しいし、残すのはもったいないから、つい食べすぎちゃってね…」

肥満気味で医師からも体重を減らすように注意を受けている一人暮らしの利用者さんなのですが、ヘルパーさんがいつも大量の食事を作っていくので、つい食べすぎて体重が増えてしまったそうです。

確かに作った食事を美味しく食べてもらえるのはうれしいことです。しかし運動量も減り食べることだけが楽しみになってきてしまっている人にとって、成人病の引き金にもなる肥満は大敵です。また食糧難の時代に生きてきた高齢者の多くは、食事を残したり捨てたりすることに抵抗を感じていることでしょう。また痴呆による満腹感の消失、食事摂取量のコントロールが上手くできない人もいます。一人分だけの食事を作るというのは大変

コラム

ラップを使って食品管理

調理した後、ラップをかけて保存する際、料理名と作った日付をマジックでラップに書いてくれるそうです。そうすることで一目で中身もわかり、新しいものなのか古いものなのかの区別がつくのでとても便利だということです。利用者さんの中には節約のため、一度使用したラップを再度使用する人もいますが、品名と日付を記入することにより、ヘルパーさんも食品の管理がしやすくなります。ちょっとした工夫により便利で安全な食生活はつくられるのですね。

なことだと思いますが、作りおきや作りすぎたから後で食べるなどの配分ができず、用意された物をすべて一度に食べてしまったりする心配もあります。また作りすぎたために残った物を、いつのものか忘れ、腐敗した物を食べてしまうなどの危険性もあります。高齢者の心理や理解の程度も考慮した食事作りも大切となってきます。材料があまったり作りすぎてしまった場合、小分けしたりフリージングするなどの工夫をしてみましょう。

台布巾で食器を拭くなんて

「洗った食器に汚れが残っていたり、台布巾で食器を拭いたりするのよ…気持ち悪くて嫌だわ」洗剤やスポンジをほとんど使わず、手でサッサッと簡単に洗ってしまうため、洗い終わった食器に汚れや茶渋が残っているそうです。また台布巾で食器を拭いているところを見てしまい「それは台布巾よ！」と声をかけたら「大丈夫よ、ちゃんときれいに洗ったから…」と言われ、大変不快な思いをしたそうです。

食器は直接食物を入れる物ですので、洗浄や保管など衛生面での取り扱いには十分な注意が必要です。食器類の洗浄には、一般的に中性洗剤が使用されますが、洗剤だけではなかなか落ちない茶渋などは、塩素系の台所用漂白剤を使用するときれいに落ちます。また布巾と台布巾は使用目的が異なるため使い分けることは言うまでもありませんが、布巾類の取り扱いにも細心の注意が必要です。特に布巾は使用中に汚れが付くことが多く、大腸菌・ブドウ球菌・腸炎ビブリオ菌など細菌性食中毒の原因となる菌が付着することもあります。できれば布巾を用途別に分けたり、石鹸や中性洗剤で洗浄した後の常に乾燥させたものを使用するようにしましょう。衛生管理は体力の弱っている人や免疫力・抵抗力の弱っている高齢者の健康維持において重要な役割の一つです。

料理

リンゴが生臭い

「まな板をちゃんと洗わないで使うから…この間なんかリンゴが生臭いのよ！」

ヘルパーさんがまな板や包丁をよく洗わないで使用するため、食べ物に臭いが付いてしまい風味が台なしになるだけでなく、とても気持ちが悪いと言うのです。

肉や魚を切った後、よく洗わずにその包丁やまな板で果物や野菜など、特にそのまま生で食べるような食品や、調理済みの食品を切ることは食べ物の臭い移りだけでなく衛生管理面でも注意しなければいけません。O-157・腸炎ビブリオ等の細菌性食中毒はこのような調理器具の非衛生的な取り扱いからも発生する危険性が大きいと言えます。まな板・包丁・布巾・スポンジ・食器等は使用した後すぐに洗剤と流水でよく洗い漂白剤を利用したり、漂白剤の臭いに抵抗がある人は熱湯をかけたり、また煮沸可能なものは煮沸す

コラム

連携プレーで仕事を分担

2〜3人のヘルパーさんが、交代で援助に入っている家があります。その家ではヘルパーさんが互いに連絡を取り合い仕事や買い物の分担をしています。例えば献立表にそって翌日の料理の下ごしらえをしたり、ダシ汁を作り置きしてくれるため、料理も手のこんだものができるようです。料理に限らず時間を有効に使い、上手に利用者さんの生活を支えています。利用者さんの立場に立って、相談し協力しあえるヘルパーさん達は本当に心強い存在ですね。

るのもよいでしょう。よく洗ったつもりでも肉や魚に使用すると、まな板は臭いがなかなかとれないことがあります。肉魚用・野菜用と何枚も使い分けることは一般家庭では難しいかもしれませんが、裏表を使い分けることもできます。特に臭い移りのしやすいまな板は、使用したらそのつどきれいに洗いますが、肉の場合は湯で洗うと臭いがとれやすく、また魚は塩でこすり水洗いをすると生臭さがとれますので、上手に使い分けてみて下さい。

料理

冷蔵庫はすし詰め状態！

「何でもかんでも冷蔵庫に詰め込んじゃうから…もう大変よ～」

ヘルパーさんは野菜や肉・魚、お惣菜や開封前のマヨネーズ・醤油類までも、食料品らしいものはとりあえずすべて冷蔵庫に詰め込んでしまうそうです。そのため冷蔵庫はすぐに満杯になり、十分冷却できない状態になってしまいます。そのうえ無造作に、冷蔵庫へ入れてしまうため、ドアの開閉時に卵が割れたり、肉や魚の汁が野菜や他の食品についてしまったり、古い食品を奥に押し込んでしまいその存在を忘れさせてしまうこともあります。

食品にはそれぞれに適した保存・保管方法があります。冷蔵庫に保存しなければならないものもありますが、冷暗所や風通しの良い涼しい場所に保存したほうがよいものや、開封前なら常温保存でよいものもあります（もちろん開封後でも常温保存可能なものもあり

コラム

冷蔵庫の中身でも体調がわかる

「利用者さんの○○さん、最近あまり体調が良くないみたいで気になるのですが…」とヘルパーさんから担当のケアマネジャーに連絡がありました。食事摂取量が減ってきて、作った料理がいつまでも冷蔵庫に残っていることが多いということです。通常、医療関係者やケアマネジャーらは、利用者さん宅の冷蔵庫の中身をチェックすることまではできません。利用者さんの最も身近にいるヘルパーさんだからこそ、小さな変化に気づくことができるのだと思います。それにしても冷蔵庫の中身からも利用者さんの心身の状態を推測できるなんてすごいですね。

ます）。また、冷蔵庫に入れる際にも新聞紙やビニールの袋・ラップに包んで保存しなければならないものもありますし、冷凍・冷蔵・野菜室などそれぞれに適した場所や、冷蔵庫の上段・下段・手前側・奥側などの位置も配慮する必要があります。くれぐれも冷蔵庫保存の必要でないものまで冷蔵庫に詰め込みすぎて冷蔵庫が適切に作動しないということのないように注意し、適切な保管・保存をして下さい。

ばんっ
いきなり開けたらびっくりするよ
ビクッ
行儀悪いなぁー
感じ悪い…
ずかずかずか
ぽいっ
ぽい
コート着たまま？
だって寒いんだもん
終った…
えー
あいさつもないままー
とほほ…

ヘルパーの悩み

帰り際に仕事を依頼された

「ちょっと背中が痒いから拭いてくれないかな？」

ヘルパーさんが帰り支度を始めると、何かと用事を頼まれて困ってしまうそうです。契約の時間内で対応できることならよいのですが、残りの時間ではとても対応しきれない用事も頼まれることがあるそうです。時間がないことを説明しても「ちょっと位いいじゃない?」と言われ、何となく気まずい雰囲気がただよってしまうということです。このように帰り際になるといつも用事を頼んでくる利用者さんもいます。特に一人暮らしの高齢者の人に多くみられることで、ヘルパーさんが帰ってしまうことが寂しくて、何とか理由をつけて引きとめようとしている場合もあります。

もちろん本当に用事があって頼んでくる場合もありますので、まずそれを見極めることが大切です。そして、依頼事項と状況から対応可能か否かを判断し、その上で、できないことは、はっきりと断ります。しかし、断る時もただ断るだけでなく、対応できない理由をかならず伝えるようにします。また急ぎでなければ、それをいつだったらできるのかという確実な日時を告げることが大切です。ヘルパーさんを引き止めるための場合は、利用者さんの気持ちを十分にくみ取り対応することが必要ですが、その際にも節度を持って対応して下さい。

掃除は丁寧に、でも時間にも節度をもって！

「トイレ掃除を頼んだら、一時間近くトイレから出てこなくて…ほかにも頼みたいことがあったのに時間なくなっちゃったよ」

汚れが非常に強い場合、トイレ掃除ひとつとっても時間がかかることはあります。しかし、通常トイレ掃除に一時間もかかると考えている利用者さんはいないと思いますし、トイレ掃除だけでヘルパーさんを依頼している利用者さんはいないはずです。利用者さんによって「今日は着替えの手伝いと、買物、夕食の支度をお願いします」などと、その日にやってもらいたいことを全部まとめて最初にヘルパーさんに伝える人もいれば、ひとつのことが終わると次のことを頼むという人もいます。いずれにしても、ヘルパーさんのいる時間は利用者さんにとって限られた貴重な時間ですので、最大限有効に使えるように考え

コラム

ヘルパーさんはアイデアマン

リウマチで手指の変形した利用者さんに対して、水道の蛇口が簡単に操作できるようにと100円均一の店で取っ手を購入してきてくれたヘルパーさんがいました。入浴介助の際、浴室に段差がありシャワーチェアが安定せず、危険だからと下の土台を工夫してくれたヘルパーさんもいました。介護などの福祉用具や住宅改修は介護保険の利用により導入しやすくなってきていますが、適用外の物も多く、また高価な物が多いのが現状です。利用者さんの身体能力や安全を考えて少しでも快適な生活を送ることができるように、身近な物で工夫してくれるヘルパーさんに脱帽です。

て行動してください。利用者さんは何を必要としているのかを把握し、時間配分や仕事の優先順位を決めなければなりません。例えば複数の仕事を依頼され、時間的に困難と考えられるような時は、あらかじめ利用者さんにその旨を伝え、承諾してもらうとよいでしょう。仕事を丁寧に行うことは大切ですが、全体のバランスを考え、手早く効率のよい仕事をしていきましょう。

ちゃんと元に戻しておいてね

「トイレのウォシュレットが壊れたかと思ったら、コンセントが抜きっ放しだったのよ！」

ヘルパーさんがトイレ掃除をした際、ウォシュレットのコンセントを抜いたままにしてしまったため、作動せず大変困ってしまったそうです。

たかがコンセントくらいと思われるかもしれませんが、利用者さんの中には視力や理解力の低下などによりコンセントが抜けていることに気づかなかったり判断できなかったりすることもあります。またコンセントが抜けていることに気づいても運動機能障害により元に戻すことが困難な人もいます。また、テーブルや椅子の位置等も視覚障害のある人にとっては所定の位置が少しでも変わることは危険につながる可能性もあります。運動機能や視覚障害を持った人の中には、テーブルなどの家具を伝って移動している人も多く、ちょっとした位置のズレであってもバランスを崩し転倒の引き金になることもあります。「もの一つとっても縦に置け、横に置けとうるさいと思われるかもしれないけれど、いつもと違うと気になっちゃって…」と言われる人もいます。慣れた物の位置や生活空間は誰にとっても大切なものです。ましてや、その位置が日常生活に影響を及ぼしたり、また簡単に自分で戻せない人にとって、物の位置はとても重要な存在となります。どうしても物の位置を変えなければならない場合には、利用者さんに確認して対応していくようにして下さい。そして特に、人工呼吸器をはじめ医療器具のコンセントやスイッチの取り扱いには厳重に注意しなければいけません。

電化製品バラバラ事件

「ヒーターの分解掃除をしてくれたのはよいのだけど、元に戻せなくなっちゃって…」

ヘルパーさんがファンヒーターのフィルターなどをはずして掃除をしてくれたのですが、元に戻せなくなり、結局電気屋さんを呼ぶことになってしまったということです。

女性は一般的に機械の操作が苦手なことが多く、最新式のものや使い慣れない電化製品は使用方法に戸惑うことがあります。もちろん電化製品なども分解して中まで掃除をしなければならないこともありますが、バラバラにしたけれど元に戻せない、何故か部品が残ってしまった、再び作動させたところ動かなくなってしまった…となると大変です。事前に説明書をよく読み使用方法や構造をよく理解した上での対応が必要となります。また、利用者さんに分解掃除や修理を依頼されても、対応困難な場合は丁重にお断りし、家族や専門家に依頼するようにしましょう。誤った取り扱いは故障や火災の原因となる可能性もあります。くれぐれも電化製品だけでなく、使い慣れないものなどの取り扱いには、使用前に利用者さんや家族に説明をうけたり、取り扱い説明書を読んだりしてから対応するようにしましょう。

雑巾も使い分けてね

「アッ！　それはトイレの雑巾よ」

棚を拭いているヘルパーさんの手を見ると、持っているのがトイレ用の雑巾のため、思わず叫んでしまったそうです。ヘルパーさんは「そうなの？　そういえば2枚置いてあったけど…わからなかったわ」と言い、すぐにもう一枚の雑巾を持ってきましたが、トイレ用の雑巾ですでに拭き終わっているところの拭き直しはしてくれなかったそうです。

例えば「トイレ用」などと雑巾に書いてあったり、別々に置いてあれば間違えることもないと思いますが、そのような家庭は少ないのが実情です。しかし雑巾が2枚あれば目的別に分けているのが通常であり、どちらを使ってもよいということではないはずです。どんなにきれいに洗った後の雑巾でも、トイレ用の雑巾で棚を拭いてしまったら、利用者さんは不快な気分になりますし、衛生的にも問題が生じてきます。もしも間違えた雑巾を使ってしまった場合、利用者さんに素直に謝り、すぐに拭き直しすることはいうまでもありません。しかし、このようなミスを起こさないためにも、まず利用者さんに雑巾をどのように使い分けているのかを事前に確認することが必要です。住まいは利用者さんを取り巻く身近な環境ですので、安全・快適・衛生的な生活を送ることができるように整備していきましょう。

汚水を植木にかけないで！

「雑巾をすすいだバケツの水を平気で植木にかけるのよ…それじゃ植木がかわいそうだわ」

拭き掃除をした後、雑巾をすすいだバケツの汚水を室内の観葉植物の水に利用してしまうそうです。ヘルパーさんは節水のつもりで行ったことだと思いますが、観葉植物を大切にしている利用者さんの中には、汚水を植木にまくことはとても耐えられない人もいます。バケツの汚水を植木にまくのか、まかないのか…ということだけでなく、汚水をどこに捨てるのかを巡って、利用者さんとヘルパーさんの間でくい違いが生じることがあります。汚水を庭にまく人、トイレに流す人、台所の流しや洗面所に流す人…。各家庭の生活習慣の中で、それぞれ方法が違うはずです。ヘルパーさんが普段自宅で行っているやり方が、利用者さんの家のやり方と違うこともありますので注意が必要です。植木の水やりや手入れなどは、ヘルパーさんの業務外の仕事になっていますが、せっかく気をきかせて親切心から行った行為であっても、やり方が違えば逆に不満を与えてしまうことにもなりかねません。「いつもバケツの水は何処に流していましたか?」などと、最初に利用者さんに確認してから処理するようにしましょう。細かいことでも一つ一つ確認し、その家庭のやり方に沿って行っていくことが何よりも大切です。

枕元でパタパタしないで！

「ハタキをかけてきれいに掃除してくれるのは嬉しいんだけど…何も私の寝てる枕元でやらなくてもね」

いつもハタキをかけ、掃除機できれいに部屋を整えてくれるそうですが、枕元でもハタキをかけるため、埃っぽくて仕方がないそうです。ハタキは、埃を取り除くために有効な用具ですが、埃が空中に舞うため、利用者さんの枕元や食器・食べ物の置いてある場所などでの使用は避ける必要があります。また、ハタキに限らず、ほうきや掃除機を使用する場合でも、利用者さんに埃や掃除機から排出される風が当たらないように気をつけなければいけません。利用者さんの居室を掃除する場合、可能であれば別の場所に移動してもらうことが理想ですが、それが無理な場合は、できるだけ埃の立たない用具を用い、静かに手早く行うことが大切です。また、利用者さんが別の部屋に移動できたとしても、ベッドや布団など寝床に埃がかからないように注意しなければなりません。窓を開けて換気を十分に行う、寝床のまわりは拭き掃除にするなど室内の状況にあわせて工夫して下さい。埃やカビ、細菌を吸い込むことは体に悪影響を及ぼすだけでなく、特に呼吸器疾患のある利用者さんの場合、症状の増悪に即つながってしまいますので注意しましょう。

水を出しっぱなしにして…

「水を出しっぱなしにして仕事をするから、水道代が一挙に増えたわよ」

ヘルパーさんが掃除や台所仕事・入浴介助などの時に、こまめに水を止めないため、水道代が急に高くなったということです。たぶん、本当にヘルパーさんが来たことによって、水道代が一挙に増えたということは実際にはなかったと思います。しかし、おそらく利用者さんは、ヘルパーさんが水を流しっぱなしにして洗い物をしたり、シャワーなどもそのつど止めなかったりすることが気になり、このような苦情を言ってきたのではないかと思います。ヘルパーさん自身は無駄に使っているつもりはなくても、利用者さんの中には自宅の品物（洗剤類・ティッシュペーパー・使い捨て手袋ほか）や、電気・ガス・水道などの光熱費に関して、ヘルパーさんに無駄に使用されているという意識の強い人もいます。

例えば、テーブルや床に少し水などをこぼした場合にも、ティッシュペーパーで拭き取る人と、台布巾や雑巾で拭き取る人がいるように、人それぞれ違います。利用者さんのこれまでの生活習慣や価値観を尊重し、決してヘルパーさん自身の習慣や方法で仕事を行わないように気をつけなければいけません。他人であるヘルパーさんに、家の中のことを任せなければならない利用者さんの不安や心境を考え、価格の高低にかかわらず、利用者さんの家の物は大切に使用するように心がけましょう。

何もかも一緒に洗濯しないで！

「汚れたパンツや靴下と一緒に洗ったタオルで顔を拭くのは気持ち悪いわ」

洗濯を頼むと何でも一緒にまとめて洗濯機に入れ、一度で洗ってしまうそうです。もちろん一度にまとめて洗うことに対して何の抵抗もない人もいると思いますが、例えば汚物のついた下着や、陰部を拭いたタオルと一緒に洗った洗面用のタオルで顔や手を拭くことに大きな抵抗を感じ不快感を抱く人もいます。また何でも一緒にまとめて洗うことは、色移りや縮みの原因になることもありますので注意が必要です。色柄物、衣類の材質や汚れの度合いなどによって区別して洗うのは一般的なことですが、それぞれの家庭により洗い方の違いはあるはずです。そこでまず洗濯を始める前に、利用者さんや家族にこれまでの洗濯方法を確認しておきましょう。そして洗濯機に入れる前に汚れの度合いや色落ち、縮みなど洗濯上の注意すべきことを考え洗濯方法を決めていきます。限られた時間の中で洗濯機を何度も回せないこともありますが、汚れの強いものや下着、靴下類などはあらかじめ浸け置きしておいてもらったり、水洗い、もみ洗いをしてから洗濯機に入れると、汚れがきれいに落ちるだけでなく、利用者さんの不快感の軽減にもつながります。

洗濯物を干す時にはシワを伸ばして

「洗濯物を干す時にシワを伸ばさずに干すから、服がシワシワでどうも気になるのよね」

洗濯機が止まっても長時間脱水機の中に入れたままの状態にしたり、干す時に衣類のシワを伸ばさないため、乾いた洗濯物がいつもシワシワになってしまうそうです。せっかくきれいに洗ったものも、仕上がりがシワだらけでは台なしです。衣類は着ている間に自然にシワはできてしまいますが、最初からシワだらけのものは着る人に大きな不快感を与えてしまいます。たかがシワぐらいでと考えがちで、利用者さんもなかなか口に出して頼みにくいことの一つですが、病気や障害を持つ利用者さんにとってはシワだらけで衣服の形態の整っていないものは着脱時に大きな妨げとなることがあります。また、寝たきり状態

コラム

家の中にも爽やかな風

「今日はお天気がよくて風もあるから…」と、押入れや洋服ダンスを開けて風通しをしてくれたり、普段使わない座布団や毛布なども順番に陽に当ててくれるそうです。利用者さんはタンスの風通しや普段使わないもののことは、気になっていてもなかなか口に出して頼めないものです。しかし、その家で生活している利用者さんの身になって考え、細かいところまで気を利かせてくれるヘルパーさんは本当にすばらしいですね。

の人、全身状態の不良な人、知覚麻痺や運動麻痺があり自分で体を動かすことができない利用者さんの場合など、衣類や寝具類のシワが皮膚にあたることは褥瘡の一つの原因となってしまいます。洗濯物は直接肌に付けるものが多く、シーツやタオル類にしても体に触れるもののため、着る人にとっての安全性や快適性を考え、配慮することが大切です。洗濯物を干す時は、小ジワを伸ばし、型が崩れないように気をつけましょう。洗濯物によって陰干しをしたり、型崩れを防ぐために平干しをするものもありますので注意が必要です。

ゴミの処理はマナーを守りましょう！

「お宅のヘルパーさんは、玄関先のゴミをほうきで家の玄関先に掃き散らかすのよって言われちゃって…」

お隣の奥さんからゴミの処理についての苦情を受けてしまったそうです。またゴミの収集日や分別ゴミの対応方法など、地域で決められた一定のルールが守られないといった問題もあるようです。確かに決められた曜日と時間に訪問しているヘルパーさんにとって、毎日の生活から出るゴミの管理は対応困難なことが多く、地域のルールに従うのは大変です。地域によっては一人暮らしや高齢者のみの世帯で、ゴミの収集場所までゴミを持っていけない人を対象に、戸口前に出せば回収してもらえる制度を設けている所もあります。ゴミの始末の援助が必要な利用者さんにはこのような制度の活用や、地域のルールに則っ

コラム

ゴミ屋敷もプロの手にかかれば…

初めて自宅に伺ってみると、驚くほど乱雑な室内の状況に頭を抱えてしまうこともあります。長い生活の中で徐々に積み重ねられた日常品や思い出の品々。身体機能の低下がそれに拍車をかけ、片付けるに片付けられなくなってしまった。そんなお宅もボックスや小物入れなどを上手に利用し、みるみる片付けていくヘルパーさんのプロの腕前に感心させられてしまいました。

たゴミの対応ができるような曜日・時間帯のヘルパー利用を検討するなど、担当のケアマネジャーと相談して下さい。ルールを無視した対応や、隣の玄関先にゴミを掃き散らかすなんて行為はもってのほかです。近隣の方は利用者さんにとって大切な存在ですし、どうしても対応が困難な場合はこうした近隣の方々の力を借りることもあるでしょう。利用者さんだけでなく、近隣の方々にも信頼されるヘルパーさんを目指して下さい。

ヘルパーさんの判断で物を捨ててしまわないで

「もう○○さんたら、物を捨てないから家の中は物だらけで片付かないのよね！」

「せっかくゴミに出すようにまとめて置いた古い雑誌もまた引っ張り出しちゃって…」

確かに、この利用者さんの家は物があふれており、足の踏み場もない状況です。もう二度とページを開くこともないような雑誌や、お菓子の空き箱、台所にはずいぶん前に消費期限の切れた調味料やレトルト食品も埃をかぶっています。さすがに、これらの品々は処分をしなければ衛生的に好ましくないと感じますが、これらの物も利用者さんなりの価値観で大切に保管されていることもあります。それは、大切な思い出の品であったり、使い慣れた愛着のある物であったりと、物の価値観は人さまざまです。たとえどんなに古ぼけて薄汚れていたとしても、もう役に立たないであろうと思われる物であったとしても「こんな物、大切に取っておいてどうするの?」「ドンドンいらない物は捨てなきゃだめよ!」と利用者さんに有無を言わせず、世間一般の価値観やヘルパーさんの判断で物を処分するのではなく、利用者さんの気持ちを考えて本人に確認をしながら物を捨てるようにして下さい。ただし、痴呆症状による判断力の低下や収集癖により日常生活に支障をきたす可能性のある利用者さんに関しては家族やケアマネジャーと相談の上、対処が必要となることもあります。

悪
良
こんにちはー!!
すっきりさわやかメイク
いつもニコニコ
そのまま起きてきた様な顔 or きつい メイク
ありがとうございましたー!!
ボサボサ頭
動きやすいスニーカー
利用者さんの前で仕事中なのにタバコ
まったくいやになっちゃうネー!
いつも不満ばかり
私だって忙しいんだヨッ
あーつかれた〜
サンダルやミュールを引っかけて訪問

ヘルパーの悩み

利用者さんが物をくれようとする

「帰る時に、これ持って行ってね…」

お菓子・果物・パン・缶ジュース・ハンカチ…など、高価な物ではありませんが、訪問するたびに利用者さんや家族が品物を渡してくるそうです。何度かお断りしたのですが、「いいの…大した物じゃないから気にしないで持って行って」と言われ、断りきれずに受け取ってしまうということです。このような経験で困ったことのあるヘルパーさんは多いと思います。利用者さんが贈り物をしてくる理由には、日頃の感謝の気持ちや、世話になって申し訳ないという気持ちの表れ、もっとよく面倒を見てもらいたいために贈り物をすることで親しい関係を結びたいと願っている場合など、いろいろなことが考えられます。しかし、安易に受け取ってしまうと、徐々にエスカレートし、気付いた時にはそれが毎回になっていたり、高価な物へとなってしまうこともありますので注意が必要です。

あくまでも利用者さん宅で仕事をさせて頂いているのですから、利用者さんに余計な気遣いや経済的負担をかけさせないようにしなければなりません。贈り物を渡されそうになった場合には「どうもありがとうございます。お気持ちは嬉しく頂きます。でもこの先も長いお付き合いをさせて頂きたいので余計な気とお金は使わないで下さいね…」などと相手を十分配慮しながらも、はっきりと断るようにしましょう。

買い物

ついでに自分の買い物もしちゃった！

「またやってる、いつものことなのよ!!」

たまたま、ヘルパーさんの訪問中にケアマネジャーが利用者さんのお宅に伺った時のことでした。買い物に出かけたヘルパーさんが戻ってきた様子なのですが、玄関先でなにやらゴソゴソしたまま、なかなか姿を見せる兆しがありません。利用者さんは小声で「あなたが来てるから玄関で仕分けしてるのよ。いつもは平気でここで分けるし、家の冷蔵庫の中にも帰るまで自分のために買った肉や魚なんか入れておくんだから…」と、半分あきれ顔で話してくれました。これは完全に確信犯、悪いこととわかっての行為です。しかし、なかには利用者さんの買い物に行った際、たまたま安かったからと卵一パック・砂糖一袋なんて自分の分もついでに購入してしまうことはありませんか？　ついでだし、それほど利用者さんに迷惑をかけているわけではないと思われる人もいるかもしれません。しかし、そのような行為の積み重ねが習慣化し、気がつけば利用者さんの買い物の際に、ヘルパーさん自身の買い物もすませてしまうという行為にエスカレートすることさえあります。買い物をしている時間も当然仕事中です。公私混同せず自分の買い物は仕事が終わってから改めてしなければいけません。たとえ先着順やタイムサービスの品であったとしても、ぐっと我慢して下さい。賢い購買者の皆さんには耐え難いことかもしれませんが、それがプロの仕事というものです。

小銭もたまれば大金となる

「大金じゃないんだけど…買物を頼むとお釣りが足りない時があるのよね」

買物をしてもらうと、百円や二百円位のお釣りが足りないことが時々あるそうです。最初は利用者さんが自分の勘違いかと思っていたそうですが、ヘルパーさんが帰った後、計算してみるとやはり少し足りないということです。お金のことは言い出し難く、利用者さんも黙っていることがありますが、それだけにきちんとした管理をしなければなりません。まず気をつけなければならないことは、利用者さんの財布を勝手に開けないことです。たとえ利用者さんが「そこから千円持っていって」と言ったとしても、本人の目の前で財布を開け千円札を取り出すのを確認してもらいます。そして買物をしてきた後は、買ってきた物とレシートを合わせて「全部で○○円でしたので、お釣りは○○円です」と、お釣りを確認してもらってから、本人の目の前で財布に入れるようにすれば間違いは防げるはずです。また利用者さんから預かったお金を、自分の財布に入れて持ち歩くと混乱しやすくなりますので、別々にしたほうがよいでしょう。そして、利用者さん自身が金銭管理や確認ができない場合などは、ノートに預かったお金、品物名と価格・お釣りを書きこんだり、レシートを貼るなどの管理と工夫が必要です。金銭問題は、信頼関係にも大きな影響を及ぼしますので、きちんとした対応をしましょう。

買い物

消費期限も見てね

「三〇円引きで安かったからといって、消費期限が明日までの物を買ってこられてもね…」

少しでも安く買い物をしてくれようとするヘルパーさんの気持ちは嬉しいのですが、消費期限を考えないで買ってくるため結局無駄になってしまうことがあるそうです。

利用者さんの中には週一～二回のまとめ買いをしている人もいます。その日に買った物をその日に使うとは限りませんし、一度に食べきれないこともあります。また視覚・臭覚・味覚などの障害や痴呆症状により期限や鮮度の確認が困難な人もいるので注意が必要です。消費期限を確認せずに購入したり、安いからといって多量のものを選び必要以上の物を購入することは、結局腐らせてしまいかえって無駄になることもあります。買い物の

コラム

大根半分は上か下か

利用者さんがヘルパーさんに買い物の依頼をした時のことです。

利用者さん　：「一人暮らしだから大根は半分のものがあったら半分でいいわ」

ヘルパーさん：「大根は何に使われますか？　上半分と下半分がありますけど、どちらがよろしいですか？」「ヨーグルトのメーカーは何か希望がございますか？　もしそれがなかった場合は…？」等々。

細かな内容を手早く的確に聞き取るその仕事ぶりに、さすがヘルパーさん、子供のお使いとは訳が違いますね。

際には消費期限を必ず確認し、野菜や果物など消費期限の付いていないものは、鮮度を見極めることが大切です。また無駄にしないためにも、物によっては利用者さんにそれをいつ食べたり使ったりするのかを確かめるのもよいでしょう。ただ単に依頼されたものを購入したり、価格だけを重視するのではなく利用者さんの立場に立って無駄のない賢い買い物をしましょう。

契約外の仕事の依頼をされた

「今日、お風呂に入りたいので手伝ってくれないかな…」

買い物や調理、掃除などの家事援助の目的で訪問しているのですが、急に入浴介助等の身体介護を依頼され、断って良いのか悪いのかの判断に困ってしまったそうです。このように通常と違う仕事を利用者さんから突然依頼されることはよくあることだと思います。特に、家事中心で訪問している際に身体介護を依頼された場合、時間当たりの利用料金に違いが生じてしまうため、判断が難しいところです。

利用者さんの中には介護保険制度やサービスの違いが十分理解されていない人もいて、頼めば何でもやってもらえると勘違いしている人もいます。そのため契約外のサービス提供により料金に差が出ると不信に思う利用者さんもいますので事前に十分な説明をしておくことが必要です。また、介護保険には利用限度額があるため、サービスを変更することで限度額を超えてしまった場合、全額自己負担になってしまうこともあります。契約外の仕事の依頼や時間延長の依頼を受けた場合は、必ず担当のケアマネジャーに相談して下さい。また、植木の手入れ、草むしり、大掃除、同居している家族の家事など、介護保険適用外の仕事依頼は、できない理由を利用者さんにきちんと説明し納得してもらうことが大切です。しかし、利用者さんに十分納得してもらえないような場合は、ケアマネジャーに説明を依頼して下さい。

第3編　身体編

清潔

移動・外出

排泄

食事

自分で食べられるのに…

「私、自分で食べられるのにヘルパーさんが、こぼすからってすぐ手伝ってくれるんだけど…」

利用者さんは左片麻痺のため、食事は右手で摂取しています。しかし、まだ不慣れであり食事に時間がかかる上に、すぐこぼしたり茶碗やコップをひっくり返したり、時々むせて噴き出したりとなかなか大変な様子です。家族も「おじいちゃんはエプロンをしていても食事の後は着替えが必要なくらいに汚れちゃうのよね…」と言いながらも自分で食事をしようとする利用者さんを見守っています。しかしヘルパーさんは、利用者さんのおぼつかない動作を見てしまうと、どうしても介助したくなってしまうようです。

しかし、自力摂取可能な人は、時間がかかったり多少周囲を食べこぼしなどで汚してしまうことがあっても、自分で食べようとする気持ちを阻害するような行為や言葉がけをしてはいけません。無理やり介助したり介助者のペースで食事を進めることは誤嚥の誘因となりますし、利用者さんにとって食事が負担になったり、意欲を失うことにもなりかねません。利用者さんが食事を楽しむことができるようにヘルパーさんは、ただ介助してしまうのではなく、できる限り自力摂取できるような工夫が大切です。スプーン・フォーク・皿など、障害があっても使用しやすい用具もありますし、調理の工夫（一口サイズにするなど）・テーブル周りや食器の置き場所の工夫など様々です。ヘルパーさんは利用者さんの障害の状態を把握し、自立支援に向けて援助を行うことが重要な役割といえます。

まぜまぜゴハンはやめて！

「ヘルパーさん、ご飯に何でも混ぜちゃうの…」

食事中、少しパサツキのあるおかずや、ムセやすい粉薬などをお粥に混ぜて食べるようにすすめるということです。確かに、この方が嚥下しやすかったり、ムセにくかったりするのですが、どうしてもこのヘルパーさんの食事介助の方法には抵抗があるようです。ムセやすかったり、パサツキのあるものは少し水分やトロミを加えると嚥下しやすくなるため、病院や施設などでも時々このような食事介助をする人が見受けられます。時には、この方法を取らざるを得ないこともあるかもしれません。しかし、何でもかんでも混ぜてしまっては食事ではなく残飯のようになってしまい、食欲は低下し、食事が負担になることもあります。パサツキのある物に関しては調理の時点で工夫をすることが必要です。温かいお粥にサラダの野菜を混ぜたり、おかずに薬を混ぜたりすることは、食事にとって大切な味覚や視覚、そして楽しみを失わせてしまうことになりますので安易に行ってはいけません。粉薬などで薬が飲みにくい場合は、まず医療者に相談して下さい。しかし、どうしてもトロミのある食品などと一緒に内服しなければならない場合には、少量のヨーグルトなどで内服することもありますが、その際、必ず利用者さんの意思を確認しなければいけません。くれぐれも介護者の判断で行ったり、利用者さんに何でも一緒に混ぜてしまう習慣をつけてしまわないように注意して下さい。

食事

こんな格好じゃ食べられないよ…

「体の位置がズレていても、知らんふり…こんなんじゃ食べにくくて仕方がないよ」

脳梗塞の後遺症で右片麻痺の利用者さんの言葉です。ギャッジベッドでオーバーテーブルを使用し食事を取っているのですが、麻痺側に体が傾いてしまい食べにくくなっても、体の位置を直してくれないそうです。このように麻痺のある利用者さんは麻痺側に体が傾きやすく姿勢の保持が困難なため、食事の時には安全と安楽を考えて姿勢を整える必要があります。本来食事は〔腰掛け座位〕が基本で好ましいのですが、利用者さんの障害や病状によって腰掛けてテーブルにつくことが困難な場合も多く、また嚥下のしやすい姿勢も、個々により異なります。まず利用者さんの症状や残存機能をよく理解し、より安定した食事しやすい状態を考えていくことが大切です。家族や本人はもとより、医療者に相談して、

コラム

おかげで食べられるようになりました

最近ムセたり飲み込みが悪くなり、なかなか食事を食べてくれない利用者さんを家族が心配していたところ、ヘルパーさんが嚥下や咀嚼能力に合わせた食事メニューの紹介、調理や介助の方法等をわかりやすく教えてくれたそうです。家族がさっそく試してみたところ、ムセずに食事がほとんど食べられるようになってきたと喜んでいました。利用者さんの状態にあわせた食事や介助の工夫ができるヘルパーさんは、利用者さんだけでなく家族にとっても心強い存在ですね。

食事のしやすい姿勢、飲み込みやすい姿勢を考えていくことも必要です。利用者さんの状態に応じてクッションや枕・タオル類を活用し、咀嚼や嚥下しやすい体位と安定した姿勢保持、そして利用者さん自身が食べやすく疲労しない姿勢を考え工夫していくことが大切です。

1
いつも元気で明るいあいさついいネー
おはよーございます!!
2
よろしくお願いします
仕事始めのあいさつも大切!
3
ピカ
ピカ
ありがとうございました
仕事おわりもネ
4
初歩的なことだけどあいさつは大切なことのひとつなんだよ

利用者宅の食器等を破損してしまった

「セット物の食器を割られてしまったの、割れ物だから仕方ないと思うけどもう少し気をつけてほしかったわ」

食器を洗っている時にお気に入りの茶碗を割られてしまったそうです。掃除や食器の片付け中にお皿や茶碗、置物など十分注意して扱っていても誤って破損してしまうこともあると思います。

破損してしまった場合、その場ですぐに利用者さんに伝え、心から謝罪することはいうまでもありません。また同居中の家族が不在の時は、連絡ノートなどに記載した上であらためて謝罪できるようにしましょう。そして、事業所にも必ず報告し、対応を相談して下さい。就業時、事業所に損害保険（仕事中に物を破損したり、利用者さんにけがを負わせたり、またヘルパーさん自身の仕事中のけがに対応できる保険）の加入の有無やその利用方法を確認しておくことも大切です。利用者さんの中には気を使い、わだかまりのない態度で接してくださることもあります。しかし高価なものでなくとも、思い出の品であったり、物に対する考えや価値観は様々です。大切なのは心からの謝罪と同じ失敗を繰り返さないという姿勢ですが、利用者さんに不利益を被らせることのない十分な対応も求められます。

排泄

まだか、まだかって言われたってねぇ

「トイレまで連れて行ってもらっても、トイレの前でもう出ましたか、まだですか?なんて言われちゃうと出るものも出なくなっちゃうよ」

外出や入浴の前にトイレ介助は必要なことです。しかし限られた時間の中で様々な介護を行わなければならないという焦りからか、排泄に少し時間がかかると、トイレの前で「まだか、まだか」とヘルパーさんにせかされてしまうそうです。動作が機敏にできなかったり排尿・排便困難があるなど、加齢や障害によって、利用者さんの中には排泄に時間がかかって二〇~三〇分トイレに座り込んだままの人もいます。トイレの中で気分でも悪くなっているのではないかと心配になることもありますが、そのような場合は「大丈夫ですか?」と声をかけてみることも大切です。しかし、排泄に限らず介護者のペースで介護を進めることは大きな問題です。ましてや、排泄の援助という最も羞恥心や自尊心に影響を及ぼす介護には十分な配慮が必要となります。利用者さんの排泄のペースやリズムをつかみ無理のない時間配分をし、トイレをせかしたり、我慢させたりすることのないように注意して下さい。

排泄

またオシッコ?

「さっきトイレに行ったばっかりじゃない…そんなにすぐ出ないから大丈夫よ…」

ヘルパーさんが帰る前に、トイレに行っておこうと排泄介助を頼んだ時のことでした。一時間ほど前にトイレに行っていたのですが、声をかけると「またオシッコ?」と言われ嫌な気分になってしまったそうです。高齢者が頻回に尿意を訴えるのには、老化による膀胱容量の減少・尿の排出および貯留機能の低下、薬物の影響、不安や緊張などの心理的な影響など様々な原因があります。またその日の気温や食事・飲水などにも関係しますので、頻回な尿意の訴えに対しても、十分に配慮し快く対応して下さい。排泄介助は利用者さんにとって羞恥心を伴うため、少しでも排泄回数を減らそうとして水分や食事の摂取量を控えている人もいますので、利用者さんの心理を十分に受け止めて介助にあたることが大切

コラム

鋭い観察、迅速な対応

オムツを取り替えている時のことでした。

「どこか痛いところはありますか？」と心配そうに尋ねてくれたヘルパーさんに、昨日から尿が出る時に少し痛みがあることを伝えると、すぐに医療者に報告をしてくれたのです。ヘルパーさんは往診に来る医師のために、オムツをビニール袋に入れとっておいてくれたので、それを見た医師が「お宅のヘルパーさんはすごいね、よく尿の異常に気づいたね」とほめていました。ヘルパーさんのおかげで膀胱炎もひどくならずにすみ、利用者さんも一安心。ヘルパーさんの観察力と敏速な対応はさすがプロです。

です。残尿量の増加や排泄を我慢することは、膀胱炎や腎盂腎炎などの感染症を引き起こしやすくなるため、排泄介助の依頼には敏速に対応して下さい。利用者さんの排泄パターンを知り「トイレに行っておきましょうか？」「まだお手洗いは大丈夫ですか？」などと、さりげなくこちらから先に利用者さんに声をかけてみるのもよいでしょう。

オムツしているから大丈夫よ！

「トイレに行くの大変だから、オムツにしたら？　ちゃんとオムツ当ててあるから大丈夫よ」

何とかトイレに行くことはできるのですが、動作に時間がかかるため、途中で漏れてしまうことのある利用者さんのことです。尿が漏れてしまうことを心配して、念のためにと下着の中に紙オムツを本人の希望で当てているのですが「オムツにしたら」というヘルパーさんの一言にひどく傷ついてしまったそうです。ヘルパーさんは、トイレに行くのが大変な利用者さんのことを気遣って言った言葉かもしれませんが、排泄の自立はどんな状態であっても、人間が最後まで望むことの一つです。

尿意のある人にオムツで排泄させることは、不快感を与えるだけでなく、その人の自尊心を傷つけたり羞恥心や屈辱感を与えてしまいますので、安易にオムツでの排泄をすすめてはいけません。オムツはあくまでも排泄の最終手段であり、他の方法で対応できない場合に限り使用するようにして下さい。オムツの使用は、皮膚炎や尿路感染症・褥瘡の原因にもなり、また意欲の減退にもつながることがあるので注意が必要です。動作に時間がかかるためトイレに行くまでの間に漏れてしまう場合であれば、ポータブルトイレをベッドの近くに置いてみたり、着脱が容易な衣類を工夫したり、可能であればトイレに近い位置にベッドを移動するなどの方法も考えられますので、家族や担当のケアマネジャーと相談してみて下さい。

沈黙のオムツ交換

「オムツの取り替え方は、すごく上手なんだけどその間、一言も口をきかずに黙っているんだよ。愛想がないというのか何というのか…」

夜間の巡回型介護に来るヘルパーさんが、一言も口をきかずに黙ったままオムツを交換していくそうです。利用者さんは、自分が物のように扱われている気がして嫌な気持ちになってしまうと言っていました。ヘルパーさんは、オムツを素早く上手に交換しようとするあまり手技に夢中になってしまったのか、夜間なので静かにしようと思って黙っていたのかもしれませんが、声かけをしながらケアを行うことは介護の基本です。特にオムツ交換など排泄に伴う介助の場合、利用者さんは緊張感や羞恥心を強く抱きやすいので、少しでもそれらを軽減するような声かけや態度が求められます。声かけをすることによって利用者さんは、次に何をするのかがわかり安心できますし、羞恥心への固執も少しは防げるはずです。

介護の技術（手技）がしっかりしていることはもちろん大切ですが、心理的ケアやコミュニケーションも大切な介護技術であることを忘れないようにしましょう。「ちょっと失礼します。腰を上げて頂けますか?…今度は反対側を向きますよ」などと、介助に伴う声かけも必要ですが、利用者さんがリラックスできるような会話も交えながら行うとよいでしょう。排泄介助を受けなければならない利用者さんの気持ちを十分理解し、温かい思いやりのある言葉と態度で接していきましょう。

ヘルパーの悩み

自宅の連絡先を教えて欲しいと頼まれた

「何かあったら連絡したいので、あなたの家の住所と電話番号を教えてちょうだい」と何度も頼まれて困ってしまいます。用事がある時はヘルパーに直接電話するのではなく、事業所に連絡を入れて欲しいことや、自宅の電話番号や住所などは事業所の規則で教えてはいけないことを丁寧にお話ししても、なかなか納得してもらえません。「あなたに直接連絡した方が早いから…」とか、「教えてくれた人もいるのに…」と気まずい雰囲気になってしまいました。

利用者さんの気持ちもわかりますが連絡を受けても対応できない時間帯であったり、依頼されることがプライベートな内容のものであったりするなど、様々な問題が生じてくる危険性もあります。また仕事は利用者さんとヘルパーさんとの個人契約ではなく、ケアプランにそって各事業所と利用者さんとの契約になっていますので、ヘルパーさんひとりの判断で仕事を受けてはいけません。責任上の問題もありますので、急を要する連絡は事業所または担当のケアマネジャーを通していただけるように、きちんとお願いしましょう。

コラム

あ～良かった、お騒がせして申し訳ありませんでした

日中独居の利用者さんのお宅を訪問したところ、ドアに鍵が掛かっていて、ブザーを押しても対応がなく、利用者さん宅の電話をかけてみても応答がありません。事務所に連絡をし、家族の緊急連絡先に電話を入れても、連絡が取れません。急な病状の変化で病院にでも行ったのか…？　もしかしたら室内で倒れているのではないか…？　とヘルパーさんの不安はつのるばかりでした。

緊急の際に協力者となっているマンションのお隣さんに声をかけても、特に変わった様子はなかったし、何も聞いていないとのことです。ほとんど一人で外出しない人ですが、もしかして散歩にでも出かけたのかと皆で手分けして近所を捜しても見つかりません。そのうち、フラッと利用者さんが帰ってきたのです。利用者さんは何事がおこっているのか一瞬わからないという表情でしたが、すぐに訪問の件を思い出したようです。困惑した表情の利用者さんにヘルパーさんは、優しい口調で「あ～良かった…」。そして、利用者さんを始めとしたお隣さんや周囲の人に「お騒がせしてしまって申し訳ありませんでした…」とあたかも自分が悪かったかのように頭を下げたのです。本来なら「心配させないで！」「訪問の日なのに何処に行っていたの…」等、利用者さんに対して文句の一つも言いたくなるところです。しかし利用者さんの心情を考えたヘルパーさんの言葉はその場を優しく包み込んでくれたのです。このようにたとえ利用者さんに非があっても、それを優しく受け止められるヘルパーさんはすばらしいと感じます。

自分では洗えないところもあるの…

「足の指の間やお尻を洗って…とは、なかなか言えないのよね…」

慢性関節リウマチで手指の変形の著しい利用者さんのことです。やっとタオルを握れる程度で、とても体の細かい部分まで洗うことができません。ヘルパーさんに入浴の介助を依頼しているのですが、背中や手足は洗ってくれても、後はシャワーをかけるだけなので、お風呂に入ってもきれいになった気がしないということです。陰部、足の裏や指の間、腋の下などは利用者さんからなかなか洗って欲しいと言い出しにくく、また、介助に当たるヘルパーさん自身も遠慮がちになってしまう部分だと思います。しかし、腋の下、陰部、乳房下、指の間など皮膚の二面が密着している部分は、皮脂や発汗により汚染しやすく、発疹や真菌症をおこしやすいので、よく洗うことが必要です。皮膚の重なっている部分や

コラム

ヘルパーさんは女力士？

「エッ！　あなたがいつも父をお風呂に入れてくれているヘルパーさん？」と、小柄なヘルパーさんを見て驚いたそうです。仕事が休みの日には、この息子さんが入浴を手伝っているのですが、重労働でとても大変な思いをしていたそうです。おまけに利用者さんからは、ヘルパーさんの方が上手で安心と言われ、一人で介助しているヘルパーさんは、きっと女力士のような人だと思っていたそうです。男性顔負けの力を発揮できるのも、介護技術がしっかり身についているからですね。

毛の生えている部分は、よく広げて洗い、石鹸分を残さないように十分に洗い流した後、水分を取り乾かしておきます。汚れや石鹸分が残っていると、痒みや炎症などのスキントラブルの原因になりますので注意して下さい。入浴は利用者さんにとって、皮膚の活性化、感染予防、血行の促進のほか、気持ちを爽快にするなどの心理的効果が得られるものですので、それらに十分配慮した介助が必要です。

一言あやまって欲しかった！

清潔

「あら…血！　やだ〜切れちゃった」

入浴時、髭が伸びているのに気づいたヘルパーさんが気を利かせて剃ってくれたのですが、鼻の下をカミソリで切ってしまい少し血が出てしまいました。利用者さんは痛みもなく、切られたことも気づかなかったそうですが「やだ〜切れちゃった」と笑い、一言も謝らないヘルパーさんの態度にひどく怒りを覚えたそうです。「人の顔に傷をつけて、やだ〜はないだろう！」と思わず怒鳴りたくなったと言っていました。

髭を剃るには電気カミソリが簡単で安全な方法ですが、カミソリを使用する場合は、まず蒸しタオルで髭を軟らかくした後、石鹸やシェービングクリームをつけ、皮膚を十分に伸ばした状態でカミソリを軽く当て、下から上に少しずつ剃っていきましょう。高齢者の皮膚は一般的に薄い・弾力性が少ない・シワやたるみが多いという特徴があり、髭も剃りにくく、傷つきやすいため、刃物を使用する時には細心の注意が必要です。しかし、万が一利用者さんを傷つけてしまった場合、すぐにお詫びをすることはいうまでもありません。多少の傷にかかわらず、利用者さんにとって笑ってすまされることではありません。どんな時でも常に細心の注意と誠意を込めた対応を忘れないようにして下さい。

熱かったり冷たかったり…

「シャワーのお湯が急に熱くなったり、冷たくなったりでビックリしちゃうのよね」

入浴介助の際、シャワーの湯の温度が急に変わっても、それに気付かずヘルパーさんが使用するので利用者さんは不快な思いをするそうです。旧式のシャワーや、水圧の関係で温度が調節どおりにならないといったケースがありますが、このような場合、特にヘルパーさんは注意して対応しなければいけません。シャワーを利用者さんに使用する際には、ヘルパーさんは常に自分の手で温度を確認しながら行うようにして下さい。そしてシャワーやかけ湯は、麻痺などがある場合は麻痺のない側の足元からかけるようにして利用者さんに温度の確認ができるようにします。

また、追い炊きをする際に沸かし口に麻痺側の踵が触れ、それに気付かず大火傷を負わせてしまった例もあります。このように知覚麻痺のために本人が気付かないこともありますが、気がついても運動麻痺により体の位置を変えられないこともありますので、利用者さんの障害の程度や部位を把握し、介助にあたらなければなりません。シャワーや浴槽の湯温を常に確認し、安全で快適な入浴介助を行いましょう。

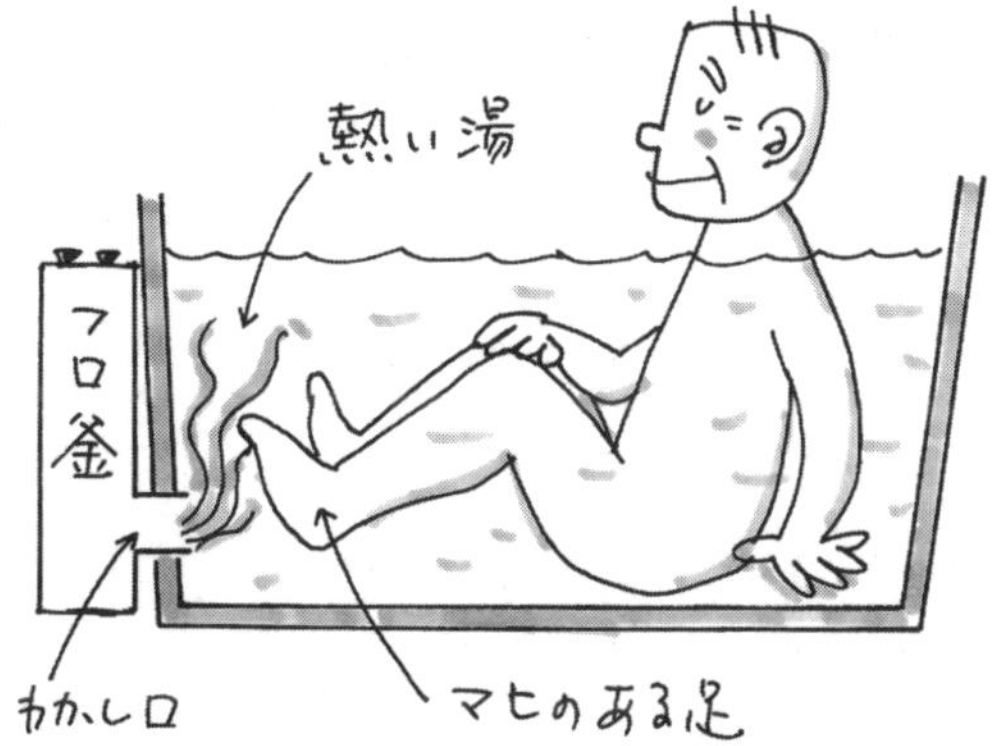
熱い湯
フロ釜
わかし口
マヒのある足

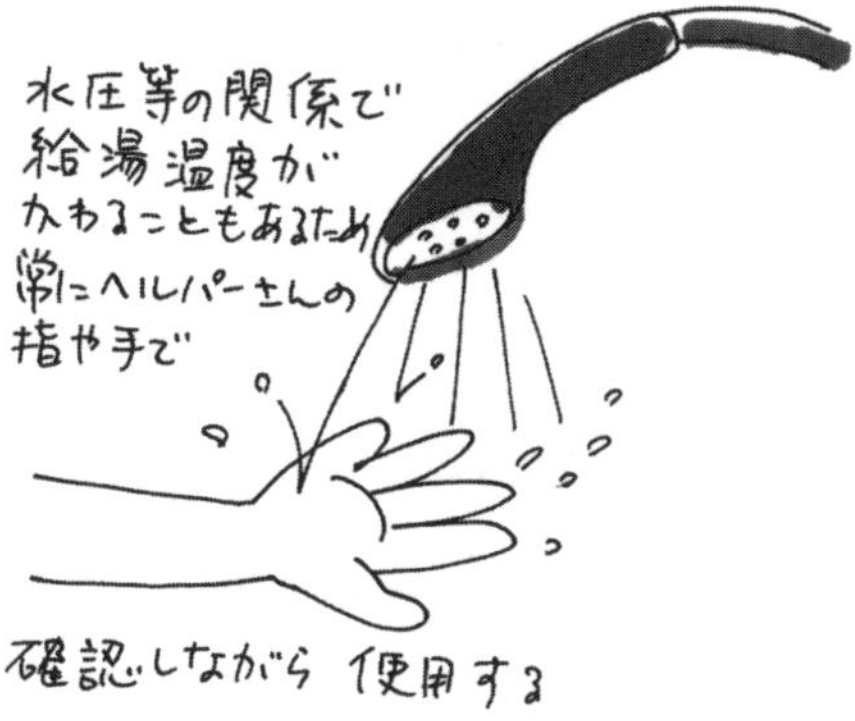
水圧等の関係で
給湯温度が
かわることもあるため
常にヘルパーさんの
指や手で
確認しながら 使用する

行きはよいよい帰りは注意！

清潔

「この間、お風呂の後少しフラついてね、膝を少し擦りむいちゃった」

この利用者さんは日中独居で家族も帰りが遅く、以前にも入浴後転倒し骨折、そのまま動くことができず遅く帰宅した家族に発見されたという経緯があります。骨折も順調に回復し、ある程度の日常生活動作も可能となって退院しました。排泄や入浴も自力で可能ですが、以前の転倒の件もあり、入浴は家族やヘルパーさんがいる際に行うようになりました。本人の羞恥心もあり、自分でできるからと入浴の準備と入浴中の声かけ程度としていました。しかし、入浴中はヘルパーさんも注意して見守っていたのですが、入浴後、もう大丈夫だと思い安心して目を離した時にフラついて転倒してしまったようです。浴室内は水や石鹸などによりすべりやすく転倒の危険がありますが、入浴は体力の消耗や疲労を伴いますので、入浴中はもちろんのこと、入浴後にも十分な注意が必要となります。自力で入浴可能な利用者さんには入浴中に声をかけて安全確認をしたり、時々見に行き見守ったりすることも大切です。また入浴介助を必要とするような利用者さんの場合には、事前に必要な物品を準備しておき、決してその場を離れないようにしましょう。入浴中の事故は、住宅内事故において最も頻度が高く、病気や障害のある人にとって入浴は危険を伴いやすいため、細心の注意が必要です。

体が湿っぽくって…

「体を拭いてもらっても、何か湿っぽくて気持ち悪いのよね」

体を拭いてもらっている時は、とても気持ちが良いけれど、清拭後、体にべとつきや湿っぽさが残ってサッパリしないということです。

清拭は皮膚の汚れを取り除くことだけが目的ではなく、マッサージ効果により血行を促し、利用者さんに爽快感をもたらすものです。清拭にはお湯のみで拭く方法、石鹸や沐浴剤を使用して拭く方法等があり、利用者さんの好みや状態によって使い分けます。しかし、どの方法においても、熱いタオルで拭いた後、すぐに乾いたタオルで拭き、十分に湿気（水気）を取り除きます。体に湿気が残ると、気持ちが悪いだけでなく、寒気を与えてしまうので必ず行ってください。また沐浴剤を使用する場合は注意書きをよく読み、適切な使用量や使用方法に従って清拭を行わないと、皮膚の炎症を引き起こすことがあるので注意が必要です。石鹸を使用する場合は、十分に石鹸分を取り除かないと、容易に皮膚の荒れ・痒み・炎症を引き起こしてしまいますので、二〜三回タオルをかえ、丁寧に拭き取る必要があります。入浴ができない利用者さんにとって、清拭は大切な清潔ケアであり、爽快感や心地よさを感じられる時でもあります。疲労感や不快感を与えることのないように、手順や方法を考え正しく行いましょう。

ヘルパーさんの温度に合わせないで…

清潔

「ヘルパーさんは暑いって汗をかいていたけど、私はちょうどよかったのよね」

清拭や入浴介助の際、ヘルパーさんの働きやすい温度に室温を調節してしまうため、利用者さんは寒い思いをするそうです。少し動いただけでも汗をかく季節になると、清拭や入浴介助はヘルパーさんにとって大変な仕事となります。汗をかきながら援助を行っているヘルパーさんを見ると、利用者さんも遠慮して寒いと言えないこともあります。しかし、ヘルパーさんの働きやすい温度に室温を合わせてしまうと、時に利用者さんは寒い思いをすることがありますので、利用者さんが肌を露出する清拭や入浴・オムツ交換等の際には利用者さんに合わせた室温を考慮することが大切です。特に肌の露出の多い清拭や入浴においては容易に寒気を感じやすく、また濡れた皮膚からは気化熱が奪われるため、より一層寒気を感じやすくなっています。室温だけでなく室内気流によっても冷感をおこすため、扇風機やクーラーの使用、窓の開閉には十分な配慮が必要です。ヘルパーさんの感じている体感温度と利用者さんの感じる温度には個人差や状況による違いもありますので、くれぐれも作業をするヘルパーさんを基準に室温を調節しないようにして下さい。

どもーっ
元気ィ？
なんかなれなれしい…
はやく仕事してよ…
きょうさあ来るときぃやんなっちゃうー
仕事・いいかげん……
あーめんどくさし
とうふ
これ・期限切れちゃうからもらってくねーっ
ずーずーしいっ

利用者さんのセクハラどうしたらいいの？

「二人だけになると必ずいやらしい話をするのよね。散歩中大きな声で変な話をされて恥ずかしくて…」

家族がそばに居る時はそのような話はしないのですが、家族が留守の時や外出介助の際決まって卑猥な話をしてくるというのです。なかには話だけでなく実際に体に触れられる場合もあり、このような利用者からセクハラを受けたという話は思いのほか多いようです。痴呆症状から理性・抑制心の低下によってこのような行為をすることもありますし、もともとの性格の場合もあるでしょう。また背景に様々な問題を抱えていることもあります。ヘルパーさんに対する好意や親しみの気持ちの表れなのだからと、軽く聞き流したり適当に対応しておけばいいと思うかもしれませんが、やはり嫌悪感を感じる人が多いと思います。利用者さんに対してあからさまに嫌な顔もできず、叱ることもできません。このような行為を家族に相談してよいかどうかも悩むところでしょう。

「私、そういうお話苦手なんですよね」「ちょっとごめんなさいね…仕事がやり難いので…」と、お尻に触れられた手をそっとはずすなど、利用者の自尊心を傷つけないように配慮しながらも、毅然とした態度で対応して下さい。そして、対応困難な場合は事業所、ケアマネジャーに相談し、同性介助などに変更してもらうこともできます。自分だけ我慢すればと、そのまま利用者の行為を黙認してしまうと、行為をエスカレートさせたり家族の誤解などを招くこともありますからキッパリとした態度で接していきましょう。

どっこいしょ、ア～重い重い！

「せ～の！　どっこいしょ」

「ア～重い重い、もう少し痩せてくれないとこっちが大変よ」

体の大きな利用者さんの移動介助時に言ったヘルパーさんの言葉に傷ついてしまったそうです。ベット上の移動、車椅子やポータブルトイレへの移乗介助を一人で行うのは確かに大変で、つい掛け声の一つもかけたくなると思います。しかし、「せ～の、どっこいしょ」などという掛け声をかけられると、自分が物のように扱われているみたいで、惨めな気持ちになってくると言われる利用者さんもいます。また、「ア～重い重い、少し痩せてくれないとこっちが大変」など軽い冗談のつもりで言った言葉が、利用者さんにとっては自分の体が相手の負担になっていると感じ、傷ついてしまうこともあります。

移動・外出

移動や移乗介助の際、利用者さんの残存機能を最大限に活用したり、お互いの負担軽減や安全確保のための声かけは、タイミングを合わせる上で有効ですが、物を扱うような掛け声や利用者さんの体を指摘するような言葉は慎みましょう。また、可能であれば利用者さん自身にタイミングを合わせるかけ声をかけてもらうのも一つの方法です。

素早く動けりゃ苦労はない

「早く早くってせかされてもねぇ…」

入浴や外出の介助の際、ヘルパーさんに準備や移動をせかされてしまうということです。確かに限られた時間の中で仕事を行わなければならないヘルパーさんにとって、利用者さんに少しでも手早く準備や移動をして欲しいという気持ちが生じてしまうのは理解できないことではありません。しかし、利用者さんには自分自身のペースやリズムがあり、また加齢や障害によって、以前のように敏速に行動できないこともあります。そして、利用者さん自身もそのような自分に苛立ちを感じていたり、自信や意欲を失ってしまっていることもありますので、ヘルパーさんのペースで利用者さんをせかすことのないようにして下さい。利用者さんをせかして無理に急がせたりすれば、転倒などの事故につながる危険性もあります。ヘルパーさんは利用者さんの身体能力を把握し、利用者さんの生活のリズムやペースに合わせた介助ができるように時間配分を考え、少し早めに声かけを行い、余裕のある介護を心がけましょう。時間の余裕は心の余裕につながり、心の余裕はより良い介護につながるでしょう。

やったことないんですけど…

「外で車椅子押したことないんですけど…って言ってたけど、あのヘルパーさんで大丈夫？」

車椅子での外出介助を依頼したところ、新人のヘルパーさんに、外で押したことがないと言われ、とても不安になってしまったそうです。車椅子介助の方法は知っていても、実際に外で介助の経験がない場合、確かに不安はあると思います。車椅子介助に限らず、今まで学んだことを初めて実践する際には、不安や緊張があるのは当然のことです。そのようなヘルパーさんの心情も理解できますが、利用者さんの前で「～したことがない」という言葉は、利用者さんに不安を与えてしまうため言わないようにしましょう。多くの利用者さんは、自分の身の回りのことを他者にゆだねること自体に不安を抱いているものです。

移動・外出

それに加え、頼みの綱のヘルパーさんが介護に自信がないという状況では、不安はより一層つのります。実際に行ったことがなく、自信のもてない介助の場合は、先輩ヘルパーや事業者の責任者に確認し、利用者さんに危険が生じたり、不安を与えないように対応しましょう。可能であれば、一度先輩ヘルパーや責任者と共に介助を行うこともよいでしょう。誰でも初めてのことはあります。しかし、自信を持って介助ができるように日頃から多くのことを学び経験していって下さい。

放置自転車は確かに迷惑ですが…

「ヘルパーさん自転車倒したらそのまま行っちゃってね、私すごく恥ずかしかったのよ」

外出した際、歩道に止めてあった自転車に車椅子が当たり自転車を倒してしまったのですが、ヘルパーさんは知らん顔をしてそのまま行ってしまい、利用者さんはとても体裁が悪く嫌な気持ちになってしまったそうです。

駅前や歩道には通行の妨げとなる放置自転車も多く、車椅子や視覚障害のある方には非常に危険な存在となっています。まずはこれらのマナーを守ってもらうことが大切ですが、倒した自転車をそのままにして行ってしまうというのもマナー違反です。車椅子介助の際、自転車などの障害物に十分注意し、利用者さんにケガがないように操作することが重要で

移動・外出

す。しかし、例えば車椅子が自転車に当たり、倒してしまった場合、まずは利用者さんに「ごめんなさい大丈夫ですか？　おケガはありませんでしたか？」とたずね、「困りますよね、こんな所に自転車置いたら危ないですよね」と言いながらも車椅子を安全な場所に止め、「ちょっと待っていて頂けますか」と声かけし、速やかに自転車を直し「お待たせしました」と、再出発しましょう。このような場面を見て、やはりマナーを守らなければいけないと気づいてくれる人が一人でも増えてくれるとよいですよね。

私をほったらかしにしないで！

「この間、病院でしばらくほったらかしにされちゃったのよ！」

病院受診の際、付き添っているヘルパーさんが利用者さんを待合室においてどこかに行ってしまい、大変心細い思いをしたそうです。ヘルパーさんは以前その病院で働いていたらしく、昔の同僚と出会い、長話になってしまったようです。特に痴呆や運動機能に障害のある人の介助中は少し目を離した隙に、転倒・転落などの事故が生じることがあります。また、利用者さんは仕事中のヘルパーさんに、自分とは無関係の人と話に夢中になられると、自分の存在を無視されたような気持ちを抱くこともあるでしょう。あくまでも仕事中であり、見守りも大切な介護であることを忘れないで下さい。また、利用者さんとの外出中に知り合いに会った場合などは、会釈をするくらいにし、話しかけられた時には利

コラム

今日は男装の麗人ですね

　若い頃からお洒落で、身の周りのことにとても気を使う一人暮らしの利用者さんの通院介助を行う日のことです。普段は動きやすい活動的な服を着てくるヘルパーさんですが、今日は都心にある大学病院に行くからと、利用者さんに合わせ素敵な服装で訪問してくれました。帰宅後は、持って来ていたいつもの服に着替えてテキパキと家事を行ってくれたそうです。利用者さんや目的に合わせた服装・身なりのできるヘルパーさんの心遣いは、本当に素敵だと思います。

用者さんを交えた短い会話をかわす程度にしましょう。病院受診等で、順番待ちや薬の受け取りなどでやむを得ずその場を離れなければいけない場合には、看護師等にその旨を伝え、利用者さんが不安を感じたり不自由な思いをしたりしないように配慮して下さい。そして、速やかに用件を済ませ利用者さんをできるだけ一人にしないように気をつけましょう。

本当、もう大変よ～

「ヘルパーさんに悪いから、もう外出はしない…」

週に一回、買い物と散歩をかねた車椅子での外出を楽しみにしていた利用者さんです。車椅子を押しているヘルパーさんに通りがかりの人が「大変ですね」と、何気なく声をかけたのに対して、「本当…もう大変よ～」と、返事をしてしまったそうです。それを聞いた利用者さんは、ヘルパーさんに大変な思いをさせてまで外出はしたくないからと、外出をするのをあきらめてしまいました。暑い日や寒い日、そして坂道や段差のある道の車椅子介助は、ヘルパーさんにとって重労働の一つかもしれません。しかし利用者さんの前で大変という言葉をもらしてしまえば、「私はあなたを介助するのが大変です」と言っている意味として利用者さんには伝わってしまうことになります。このようにヘルパーさんが

移動・外出

コラム

公園デビュー

引きこもりがちな利用者さんの散歩を頼まれ、近所の公園に出かけた時のことです。久しぶりの外出に、少し不安な表情の利用者さんでしたが「大丈夫？　疲れませんか？」「日ざしが暖かく、気持ちがいいですね」など、優しく気遣うヘルパーさんの言葉に心も和みます。通りがかりの人に「いいですね～お孫さんと散歩ですか？」と、声をかけられ「エェ～まぁ～」と、嬉しそうに答える利用者さんです。ヘルパーさんの優しいエスコートにより、外出が楽しみになったそうです。

何気なく言った一言が、利用者さんには大きく影響し、傷つけてしまうこともありますので、言葉には十分気をつけなければいけません。通りがかりの人に「大変ね」と声をかけられても、決してその言葉に同調せず、「今日は天気も良く、外は気持ちがいいですね…」などと、ヘルパーさん自身も外出を心地よく感じているような返事を利用者さんが聞くことができたら、気持ちもさらに明るくなることでしょう。どんな時でも常に相手の立場に立ち、思いやりのある言葉かけを忘れないで下さい。

いつも同じじゃ～ね…

「いつも同じ商店街を一周しておしまい。たまにはちょっとぐらい違う所に行ってみたいよ…」

家の中にこもってばかりはいられないと、週に一回、一時間の車椅子での外出をヘルパーさんに頼んでいる社交的な利用者さんのことです。「ヘルパーさんにも通りやすい道や、好みの場所はあると思うけど、毎回同じじゃ飽きてくるよ」と、言っています。ヘルパーさんも時間や距離、安全性を考慮して外出場所を選んだのでしょうが、気分転換を目的に外出している利用者さんにとっては、毎回同じコースでは物足りなさを感じてしまうこともあります。利用者さんの外出目的は、通院や買い物であったり、この人のように社会との交流や気分転換であったりとさまざまです。しかし、気分転換の場合でも、単に家

移動・外出

の中から外に出ればよいというものではありません。外に出て近所の人と言葉を交わすことで社会とのつながりを感じられたり、太陽の光・風・木や草花を通して四季の移り変わりを実感したりと利用者さんにとって外出の意味は奥深いものです。角を一つ、いつもと違うところで曲がってみたり、道を一本変えるだけで街の景色は変わります。そして、利用者さんとの会話も広がり、外出もさらに楽しいものとなるでしょう。ヘルパーさんのマンネリ化した態度や行動は、利用者さんの心のマンネリ化につながってしまいますので気をつけて下さい。

ヘルパーの交代は必要かしら？

「ヘルパーはある時期がきたら交代したほうがいいのかしら…」

一人の利用者さんと長期間、同じヘルパーが関わることに疑問を感じる人がいます。利用者さんには様々な人がおり、利用状況によっても違いがあるので一概にヘルパー交代の良否は決められませんが、長期間関わることでのメリットとデメリットを考え判断する必要があります。例えば、痴呆や接近困難な利用者さんの場合、ヘルパーさんが頻回に交代することは、不穏や不信感など利用者さんの精神状態に悪影響を及ぼす可能性があり、好ましいとは言えないでしょう。

しかし、ヘルパーさん自身が利用者さんを負担に感じる状況であったり、慣れやマンネリ化することにより、互いに甘えが強くなり、介護上に問題が生じ始めた場合などは、交代を検討する時期といえるでしょう。また、一人の利用者さんに対して一人のヘルパーさんしか対応ができない状況では、ヘルパーさんの負担が大きいだけでなく、狭い視野での介護になってしまう危険性もありますので、必要に応じて他のヘルパーさんと協力しあうことが大切です。一人の利用者さん宅に複数のヘルパーさんが交代で訪問する場合には、ヘルパーさん同士の連携や対応方法の統一化を図ることが重要になります。この統一化や連携が不十分であると、利用者さんは混乱したり、それぞれのヘルパーさんに対して偏った感情を抱いてしまうこともあります。マンネリと信頼という間で、利用者さんにとって何が一番良いかを最優先し、適切な判断のもとに対応していって下さい。

■著　者　藤澤雅子（ふじさわ　まさこ）
淑徳短期大学社会福祉学科助教授
看護師・ケアマネジャー
杉山京子（すぎやま　きょうこ）
淑徳短期大学社会福祉学科兼任講師
看護師・ケアマネジャー

■装　幀 レイアウト　大塚　光

■イラスト　熊田まり

言ってませんか こんなこと　やってませんか あんなこと

2003年4月28日　第1刷発行　（B 686）

著　者　藤澤雅子
杉山京子
発行者　島　健太郎
発行所　株式会社 シーエムシー出版
〒101-0047　東京都千代田区内神田1－4－2　コジマビル
電話　03（3293）2061
http://www.cmcbooks.co.jp
振替口座　00150-8-77092番
印刷・製本　三松堂印刷株式会社

ISBN4-88231-793-1　C3047
本書の定価はカバーに表示してあります。
落丁本・乱丁本はお取り替えいたします。